Piotr

…szczalni Art-B

Projekt okładki
FRYCZ I WICHA

Zdjęcie
PAP

Redaktor prowadząca
Katarzyna Litwińczuk

Korekta
Anna Lisiecka, Elżbieta Steglińska

Skład
Tomasz Erbel

Wydawca
Czerwone i Czarne Sp. z o.o. S.K.A.
Rynek Starego Miasta 5/7 m. 5
00-272 Warszawa

Druk i oprawa
Toruńskie Zakłady Graficzne
„Zapolex" Sp. z o.o.
ul. Gen. Sowińskiego 2/4
87-100 Toruń

Wyłączny dystrybutor
Firma Księgarska Olesiejuk Sp. z o.o. S.K.A.
ul. Poznańska 91
05-850 Ożarów Mazowiecki

ISBN 978-83-7700-205-6

Warszawa 2015

ŚCIGANI

Piotr Pytlakowski
rozmawia z szefami Art-B

Bogusław Bagsik
Andrzej Gąsiorowski

Warszawa 2015

Wstęp

Nie miałem zamiaru pisać książki o bohaterach okrzyczanej jako afera słynnej przed laty sprawy firmy Art-B. I pewnie w ogóle nie zaprzątałbym sobie tym głowy, gdyby nie dziwny telefon. Dzwonił pewien znajomy, chociaż to może za dużo powiedziane. Znajomość była powierzchowna. Widzieliśmy się raz w życiu, kiedy jako dziennikarz odwiedziłem go w areszcie na ul. Rakowieckiej w Warszawie. Był intrygującą osobą, światu znaną pod pseudonimem, jaki wtedy nosił. Blisko związany ze słynnym gangsterem „Pershingiem". Kiedy odkryto, że założył na warszawskim Bemowie koło SLD i aktywnie w nim działał, wybuchł skandal. Koło rozwiązano, władze partii odżegnały się od związków z moim rozmówcą, ale smród pozostał. Zastanawiano się, z jakich powodów człowiek uważany za gangstera wystartował do kariery politycznej.

W gruncie rzeczy mój znajomy z więziennego widzenia nie zamierzał zostać politykiem. Potrzebował jedynie zbliżyć się do życia partyjnego, bo uznał, że pomoże mu to w prowadzonych interesach. Czy pomogło, nie wiem. W każdym razie po kilku latach więzienia wyszedł na wolność. Za jedne sprawki go skazano, z wielu zarzutów uniewinniono. Słyszałem, że po wyjściu zza krat dobrze sobie radził i raczej nie pakował się już w nieczyste interesy.

Kiedy odebrałem telefon, w słuchawce usłyszałem głos tego właśnie człowieka. Po kilku grzecznościowych formułkach powiedział, że obok ma znajomego, który chciałby ze mną porozmawiać, i spytał, czy może mu oddać słuchawkę. Wtedy usłyszałem:
– Witam, mówi Andrzej Gąsiorowski.

Tak. To był ten Gąsiorowski od sprawy Art-B ukrywający się przez ponad 20 lat w Izraelu przed polskim wymiarem sprawiedliwości. Oznajmił, że jest w Polsce, i to całkowicie legalnie. Ojczyzna już go nie ściga, dlatego czasem przyjeżdża. I teraz uznał, iż nadszedł czas, aby zabrać publicznie głos, opowiedzieć o swoim życiu. Dlatego do mnie dzwoni, korzystając z uprzejmości kolegi, który miał mój numer. Czy nie podjąłbym się napisania książki, a właściwie wywiadu rzeki z nim?

Miał już nawet wydawnictwo, które było zainteresowane taką pozycją. Sprawa wydała mi się trochę ryzykowna, bo chociaż z jednej strony rozmowa z tym lekarzem z wykształcenia, muzykiem, członkiem zboru zielonoświątkowców i niegdyś wiceprezesem obracającej miliardami dolarów słynnej spółki Art-B mogłaby być frapująca, ale to przecież jasne, że nie powiedziałby mi wszystkiego, a już na pewno nie usłyszałbym rzeczy z jego punktu widzenia niekorzystnych.

Dlaczego po kilku dniach namysłu zgodziłem się? Bo przeważyła ciekawość. To normalne u dziennikarza. W tym przypadku tym bardziej uzasadniona, bo wiedziałem, że Gąsiorowski to wybitnie inteligentny, wykształcony w wielu kierunkach rozmówca. Przydarzyło mu się w życiu aż za dużo przygód. Warto o nich posłuchać i dać mu możliwość przedstawienia własnej wersji zdarzeń.

Gąsiorowski to niesłychanie miły rozmówca, kulturalny narrator, o ciepłym głosie i z dużą wyobraźnią, ale miał jedną cechę utrudniającą kontakty. Delikatnie można powiedzieć, że punktualność nie jest jego mocną stroną. Podobno nawet na oficjalne spotkanie z Putinem w izraelskim Knesecie spóźnił się o całą dobę, więc właściwie nie powinienem narzekać.

Rozmawialiśmy głównie przy pomocy Skype'a, ale kilka spotkań odbyliśmy też, kiedy bawił w Polsce. Chociaż odżegnuje się od planu powrotu na stałe, to bywa tu coraz częściej. W połowie 2015 roku zorganizował razem z Bogusławem Bagsikiem event w jednym z warszawskich hoteli, który nazwano Konferencją Naukową na 25. Rocznicę Operacji „Most" (słynna akcja wywożenia Żydów z ZSRR do Izraela). Przyszło kilka tysięcy osób. Pojawia się w Sejmie. Zaproszono go na debatę w siedzibie Stowarzyszenia Pracodawców RP na temat rynku produktów i usług dla seniorów – opowiadał o emerytach w Izraelu. Można powiedzieć, że Andrzej Gąsiorowski wraca do kraju w wielkim stylu.

Na jedno ze spotkań przyszedł razem z Bogusławem Bagsikiem, którego poznałem przed laty, kiedy po wyjściu z więzienia został prezesem Zakładów Futrzarskich w Kurowie. Napisałem wtedy o nim reportaż, co spowodowało, że uznał mnie za wroga. Dlatego trochę zdziwiło mnie, że teraz towarzyszy Gąsiorowskiemu, ale od razu wyjaśnił, że urazy już nie żywi, a przyszedł, żeby pomóc Andrzejowi, który pewnych zdarzeń może już nie pamiętać. I faktycznie sporo pomógł.

Początkowo ta książka miała być zapisem rozmów wyłącznie z Andrzejem Gąsiorowskim, ale obaj uznaliśmy, że dobrze byłoby przekonać Bagsika, aby też zabrał głos. Oficjalnie, pod swoim nazwiskiem. Nie było łatwo go namówić. Tłumaczył, że ma wciąż kłopoty prawne, prokurator stawia mu zarzuty związane z operacjami finansowymi, a on nie może się do tego szczegółowo odnosić ze względu na kwestie procesowe. Przekonał go w końcu jego przyjaciel Andrzej. Jakiej perswazji użył, nie mam pojęcia.

Bogusław Bagsik, mimo że po przejściach, jest sympatycznym rozmówcą z filozoficznym nastawieniem do życia, obdarzonym dużym poczuciem humoru. O ile Gąsiorowski mówi dzisiaj, że Polska umarła dla niego, kiedy przed laty przekraczał granicę, i wracać na stałe nie ma zamiaru, to Bagsik, oficjalnie obywatel Izraela, deklaruje, że wciąż myśli po polsku, modli się po polsku i tu ma swoją ojczyznę.

Bagsik, w przeciwieństwie do swojego przyjaciela, jest punktualny co do minuty. Mówi, że Andrzej też taki był, ale pobyt w Izraelu go zmienił.
– Tam wszyscy się spóźniają, czas nie ma dla nich znaczenia – zauważa.

Czas jednak ma znaczenie. To tyle tytułem wstępu.

Piotr Pytlakowski

CZĘŚĆ I

Rozmowa z Bogusławem Bagsikiem i Andrzejem Gąsiorowskim

Potęga Art-B

Czy to pan jest tym słynnym aferzystą, który wyprowadził w pole polski system bankowy?

ANDRZEJ GĄSIOROWSKI: No, to ładnie zaczynamy. To wy, dziennikarze, wykreowaliście mój fałszywy obraz, a pan w to brnie?

Tylko pytam. Umówmy się, że nie ma złych pytań. Są złe odpowiedzi. To prezydent Lech Wałęsa nazwał pana i Bogusława Bagsika aferzystami, których puści w skarpetkach. To prokuratura rozesłała za wami listy gończe. A pan mówi, że nie było afery?

AG: Nie było i ostrzegam, że każdego, kto nazwie mnie aferzystą, pozwę do sądu. Żeby była afera, muszą być poszkodowani. Nie ma takiego podmiotu jak polski system bankowy. Natomiast są banki, ale żaden z nich, łącznie z Narodowym Bankiem Polskim, nie zgłosił szkody poniesionej przez działalność spółki Art-B. Nie ma poszkodowanych, więc nie ma sprawców, to chyba jasne. Nikogo nie oszukałem, nie wyprowadziłem w pole, nie naciągnąłem na pieniądze.

Zmiana taktyki? Wcześniej puszczał pan takie rzeczy płazem.

AG: Teraz mam w garści oficjalne potwierdzenie prokuratury, że nie popełniłem zarzucanych mi czynów. Więc nie byłem aferzystą!

Ale na czołówce nowego tygodnika „ABC" napisano, że aferzysta pojawił się w Sejmie i że to skandal. O panu tak napisano.

AG: Dlatego pozywam ich do sądu. Żądam 10 milionów złotych.

Spora sumka. Puści pan ich z torbami?

AG: To będzie nauczka dla innych. Dziennikarze muszą zrozumieć, że nikogo nie można bezkarnie obrażać. Szarpano mnie ponad 20 lat. Muszę położyć temu kres. Nie urodziłem się, aby służyć innym jako worek treningowy.

Dołączył do nas Bogusław Bagsik. Skoro jesteśmy razem, zacznijmy, panowie, od opowieści o Art-B. Po 25 latach skojarzenia są jedynie właśnie takie: afera, oscylator.

AG: A to była normalna firma służąca zarabianiu na chleb. Cały czas kombinowanie, jak wykorzystać istniejące możliwości, coś kupić, coś sprzedać, rozliczyć, zamknąć bilans. Działaliśmy tak jak milion ludzi w tamtym okresie transformacji.

Bogusław Bagsik: Dla tych, którzy nie pamiętają tamtych lat, krótkie przypomnienie: to był dziwny czas. Jeszcze stacjonowały wojska radzieckie, jeszcze nie było kontaktu z Ameryką i w zasadzie Polska była krajem komunistycznym. Ale raptem ludzie stwierdzili, że nie ma zagrożenia, nie wiem... bombą atomową, III wojną światową. I tak pomału wychodzili jakby z bunkrów, rozglądali się. Raptem stwierdzili, że można robić pieniądze. Ale jak to zrobić? Jeden się uczył od drugiego.

AG: Wyglądało to tak, że całe stada ludzi waliły do Niemiec, bo jak Witek zarobił w Berlinie, to wszyscy jechali do Berlina. Całe karawany, bo tam jest kawa albo żyletki. Pamiętam, jednego dnia wjechało do kraju 30 tirów żyletek. W sklepach ich nie było, no to wszyscy się rzucili sprowadzać te żyletki. I cały kraj się zatkał. Nikt już żyletek nie kupował, bo nagle było ich w bród. Wpakować milion dolarów w żyletki? W ten sposób człowiek się uczył na cudzych błędach. Mój dziadek mówił: „Zdechłe ryby płyną z prądem". Miał rację. Trzeba było zawsze pod prąd. Skoro oni jadą do Berlina po żyletki, to my jedziemy na przykład do Korei po truskawki. Dlaczego? Bo nikt tam nie jedzie. I na tym to polegało, szybko zorientowaliśmy się, czego nie robić na początku – nie zachowywać się stadnie. Zresztą te żyletki to była dobra szkoła. Też popędziliśmy za innymi i utopiliśmy jakieś pieniądze, bo ktoś z naszych handlowców nie sprawdził, i sprowadziliśmy żyletki przemysłowe. Do dziś nie wiem, do czego służą, ale efekt był taki, że jak się ludzie golili, mieli niemiłosiernie pochlastane twarze. Słyszałem złorzeczenia jednej ofiary naszych żyletek, że jak dorwie tego, co ten złom zaimportował, to mu nogi z tyłka powyrywa. I tak się skończyła nasza pierwsza i ostatnia transakcja z żyletkami. Cudem uniknęliśmy linczu.

Dobrą lekcją była transakcja z winem sangria. Wtedy to był taki niemal egzotyczny trunek, zapanowała na to moda. Cała Polska handlowała sangrią. Któryś z naszych asów wywiadu handlowego leci do drugiego: „Masz sangrię?". „Mam". Przez trzy dni handlowaliśmy sangrią, jeden kupuje, drugi sprzedaje. Przygotowuję kontrakt, już mamy podpisywać, ale coś mnie tknęło, coś mi się tu nie zgadza. Pytam: „A skąd ty masz tę sangrię?", a on: „Od tego to a tego". „A on skąd ma?". „Ano od tego". Okazało się, że ci sami sprzedawali i kupowali w kółko ten sam transport wina, a ja to miałem zamknąć. Cała grupa ludzi jak szaleni rzuciła się sprzedawać i kupować sangrię, której tak naprawdę nie ma. W tym momencie nauczyłem się, że informacja handlowa jest bardzo cenna.

Gdzie się kupowało sangrię?

BB: W Niemczech. Wszystko się kupowało w Niemczech.

Pół nyski czy najpierw dwie skrzynki?

BB: Nigdy nie mieliśmy nyski. Woziliśmy tirami. Nie były to wtedy jakieś straszne pieniądze. Tir kosztował jakieś 20-30 tysięcy marek zachodnioniemieckich. Więcej zmartwienia było wtedy z organizacją transportu. Monopol dzierżył Pekaes. Logistyka dawała popalić. Wytłumaczmy to sobie tak: nie ma pan komórki, nie ma pan telefonu, od biedy dorwie się pan do teleksu, paszport z wizą ma pan, jak odstoi sobie kilka godzin w kolejce przed ambasadą. Dostawcy są w Hamburgu, w Berlinie Zachodnim albo gdzieś w głębokich Niemczech. Odbiorców ma pan rozsianych po kraju. To są sklepy Społem, GS-y i inne podobne organizacje handlowe. No i ma pan jeszcze dwie ręce, dwie nogi i jedną głowę. To musiało wystarczyć. I wystarczyło. Ze strefy wolnego handlu w Hamburgu codziennie odjeżdżało kilkadziesiąt tirów, nie tylko nasze, ale również nasze.

Czym głównie wtedy obracaliście?

BB: Tym wszystkim, czym wszyscy wtedy obracali. Alkohol, konserwy, margaryna, banany, dywany, potem telewizory. W sklepach były kompletnie puste półki, pomysł był więc taki, żeby je zapełnić. Płacimy podatek de facto quasi-importowy w wysokości 7 procent – i to wszystko.

Jakie było przebicie takiej jednej transakcji?

AG: Sto procent. Też zadałem to pytanie, jak mam obliczać marżę, a Boguś tak siedział i mówi: „Proste, sto procent". Takie były czasy, sto procent na czymkolwiek.

I na każdym takim tirze drugi był za darmo?

AG: Tak.

A jak szybko od momentu zakupu upłynniało się towar?

AG: No właśnie to zależało do siły struktury. Jak się miało gdzieś tam nagranych handlowców w domach towarowych Centrum czy GS-ach, to oni sami alarmowali: kawa wykupiona do szczętu, potrzebuję nową dostawę na jutro, pojutrze. Czyli funkcjonował system zaopatrzenia natychmiastowego: telefon, samochód jechał po towar i przywoził do tego domu towarowego, który czekał na tę kawę.

I po tygodniu już była gotówka?

BB: Jak to po tygodniu? Po dwóch, trzech dniach.

Nie było problemów z płatnością?

BB: Później się zrobił zator, który próbowaliśmy rozładować oscylatorem, ale na początku wszystko było płacone gotówką. Banknoty fruwały niczym papierki od cukierków.

Kto miał towar, ten był królem?

AG: Kto miał zbyt, był królem, bo towar to był w Berlinie. Rodziły się grupy szybkiego reagowania handlowego, ci, którzy przywozili i zarabiali, dzielili się z szefem danej jednostki zbytu, więc to pięknie funkcjonowało, pieniądze szybko krążyły z ręki do ręki, a nie jak dzisiaj – z konta na konto. Pamiętam, jak kiedyś zajeżdżamy do restauracji w Cieszynie, a w bagażniku mamy pięć milionów dolarów.

Wieźliście pięć milionów dolarów w bagażniku?

AG: No tak, do mercedesa trzysetki wchodziło pięć milionów do bagażnika. Do innych samochodów trochę mniej. Była jesień i hulał wiatr. Ktoś z nas chciał z tego bagażnika wyjąć kurtkę, otworzył i banknoty wyfrunęły. I nikt ich nie ukradł. Takie były piękne czasy, że łatwiej było zarobić, niż ukraść.

Pamiętam, że w '90 roku zalaliście kraj telewizorami.

BB: A to geniusz Andrzeja. W pierwszych miesiącach, końcówka 1989 roku i początek roku 1990, to był zwykły handel. Kupno, sprzedaż. Później trzeba było pomyśleć o jakichś strukturach, inwestycjach.

AG: Zjawiłem się w firmie, jak ona już całkiem dobrze dawała sobie radę w handlu. Wszedłem w rytm ciągłych interesów. Art-B realizowało swoje i ja w tamtym momencie nawet nie miałem możliwości, żeby coś zmieniać, bo to chodziło swoim własnym trybem. Pomyślałem sobie, że pojadę do Stanów i zrobię coś innego. Nawiążę kontakty z ludźmi. Wymyślę strategię na przyszłość. I wykombinowaliśmy ten import telewizorów z Korei do Polski. I się udało.

Skąd pomysł, żeby sprowadzać akurat koreańskie telewizory?

AG: W tamtych czasach kolorowy telewizor to był bardzo poszukiwany towar. Wszystkie te wytwórnie, które gdzieś tam funkcjonowały w Niemczech, to była produkcja słabej jakości. To po prostu był koszmar. Człowiek ostatni pieniądz wyrzucił, żeby sobie telewizor pooglądać, a to nie działa, a do tego nie było solidnego serwisu. Nie było jeszcze tych dużych firm funkcjonujących w Polsce. Ja sam się naciąłem na taki, który zepsuł się już po dwóch tygodniach, i tak sobie pomyślałem, że gdybym mógł kupić telewizor za 200 dolarów, który się nie psuje, i powielić to na cały kraj, to w zasadzie od Warszawy do Władywostoku rynek jest nasz. No i pewnego razu los nam otworzył drzwi do wiceprezesa koreańskiej firmy Goldstar.

To takie łatwe? Wystarczy los, który otwiera drzwi?

AG: Pomogli moi przyjaciele z kręgów ewangelicznych w Stanach. No i pojechałem sobie do Korei, do firmy, która wtedy nazywała się Goldstar, teraz LG. I mówię, że chciałbym się spotkać z kimś, kto pokaże mi zakład. Zobaczyłem, jak to funkcjonuje, że produkują też dla NASA, dla Boeinga, w ogóle dla przemysłu kosmicznego, lotniczego, wojska – i wszystko jest objęte programem jakości „Zero Defects". No i to mnie zaintrygowało. „Zero Defects"! Sprzęt praktycznie bezawaryjny!

Tak po prostu przyjaciele pomogli – i już w Korei drzwi szeroko otwarte?

AG: No dobrze, wyjaśnię to bliżej. Wyrastałem w rodzinie protestanckiej, mój ojciec był pastorem. Zaproszono mnie w latach 80. do USA, do Houston, do protestantów. Wyjazd sponsorowany, bo nie miałem pieniędzy, nawet jakąś tam zbiórkę na mnie zrobili, dostałem trochę ponad 400 dolarów. Z jednej strony wstyd, a z drugiej radość – taka forsa, ponad rok w Polsce można za to żyć. A kilka lat później, kiedy stałem się człowiekiem zamożnym, przyleciałem do tego samego Houston naszym samolotem, to była sensacja.

Jeszcze trwa Związek Radziecki, a ja niczym celebryta na skalę światową przylatuję prywatnym odrzutowcem. Pytają, czego bym chciał. Ja mówię, że produkować telewizory. „No to dobrze – mówią – wiceprezes korporacji od koreańskich telewizorów – firma wtedy nazywała się Goldstar, teraz LG – to jest członek naszej społeczności". Poleciałem więc do Korei. Akurat protestanci są bardzo mocno osadzeni w Korei. Tam są największe zbory na świecie. No i sobie jadę właśnie tam, oglądam wszystko i jestem traktowany z honorami. Mówią: „To jest twoje biurko, to jest twoja sekretarka" – taka azjatycka wylewność. A ja na to, że chcę kupić linię produkcyjną telewizorów. A oni, że nie, bo mają już produkcję w Niemczech, stamtąd towar idzie do Polski, drugi zakład im niepotrzebny. Myślę – niedobrze, ale wpadłem na koncept. Oświadczyłem z pełną powagą, że od faszystów kupować nie będę, bo oni mordowali mój naród. Koreańczyk się zdenerwował na swoich pracowników, dlaczego wcześniej nikt mu nie powiedział o kulturowych problemach w Europie. A ja upieram się, że chcę te telewizory, bo są z Korei, a nie z Niemiec, i zapewniam o przyjaźni polsko-koreańskiej. No i się dogadaliśmy.

Tak szybko?

AG: Była komplikacja, bo nasza pani Zosia z księgowości, która miała przelać milion dolarów z konta Art-B do banku w Izraelu i zrobić z tej kwoty depozyt na rok, i z tego depozytu zrobić akredytywę dla Koreańczyków, skróciła sobie drogę, bo wydawała jej się za długa, i przelała ten milion wprost do Korei.

Bałem się, że te pieniądze przepadną, ale oni potraktowali mnie jak króla. Jeszcze nigdy nie spotkali kogoś ze wschodniej Europy, kto ma milion dolarów i na dodatek płaci z góry.

Kupiliście telewizory czy linię produkcyjną?

AG: Montowanie w Polsce było bardziej opłacalne podatkowo. Dlatego spytałem Koreańczyków: „W ilu częściach to można produkować?". W ilu chcesz, bo my tu robimy w dwudziestu. Dzwonię do Polski, do prawnika, i pytam, od ilu części można zacząć montowanie telewizora, żeby już było opłacalne podatkowo. On mówi, że od dwóch. I w kontrakcie zapisano, że pierwsza dostawa będzie w częściach dwóch. Jedna część to telewizor, a druga pilot. I tak się zaczęła montownia Goldstara.

Gdzie była ta montownia telewizora z pilotem?

AG: Pierwsza w Wałbrzychu. To był zakład dla inwalidów, produkowali coś dla Diory. Jak pierwszy raz tam przyjechałem, to był smutny widok. Ciemno, zero lamp, siedzą ludzie z wadami fizycznymi górnych części ciała. Pytam fachowca: „Czy ci ludzie naprawdę coś potrafią?". Odpowiada, że to jest precyzja japońska, kult pracy, nie piją. Zrobiłem im prezentację, jak będziemy montować Goldstara. Na stole postawiłem pudło z telewizorem. Wziąłem skalpel, rozciąłem karton, złapałem prawą ręką pilota i wrzuciłem do pudła. Produkt gotowy. Zapisali sobie procedurę i tak ruszyła montownia z dwóch części. Po jakimś czasie mówię: „Panowie, sprawdziliście się, w nagrodę, że osiągnęliście Zero Defects, zaproponujcie, na ile części można ten telewizor jeszcze bardziej rozłożyć, żeby to było bardziej skomplikowane". No to oni mówią: „Szefie, jak kabel rozłączymy i jak go potem złączymy, to też będzie działać". I tak posuwaliśmy do przodu polską myśl techniczną. Potem było pięć części, potem siedem, potem kabel w Polsce robiliśmy. No i wyprodukowaliśmy tych telewizorów ponad milion i finał jest taki, że do dzisiaj ludzie je mają, łącznie z moim tatą, i się nie psują. Jak wyjeżdżałem z kraju na stałe, to na składzie zostało jeszcze milion telewizorów.

A ile wcześniej sprzedaliście?

AG: Trudno powiedzieć, ponad milion, ale ściągnęliśmy ich za ponad 500 milionów dolarów. Daliśmy ludziom pracę i stworzyliśmy potężny rynek, na którym zarabiały sklepy i firmy marketingowe, które to rozprowadzały. Z Korei sprowadzaliśmy najpierw telewizory, potem wideo, krótkofalówki, a jeszcze później wszystkie urządzenia gospodarstwa domowego, które Goldstar produkował. Nawet nie bawiliśmy się w liczenie. Kupowaliśmy kontener sprzętu i natychmiast sprzedawaliśmy poniżej kosztu zakupu. Płaciliśmy za telewizor około 230 dolarów, a sprzedawali za 200.

To na czym ten interes polegał?

BB: Interes polegał na tym, że przed zakupem telewizorów posiadało się milion dolarów, które należało zamienić na złotówki. Na złotówkach dawano 30 procent oprocentowania na miesiąc. Gdy się zamknęło w banku dolary na rok, można było wynegocjować 700 procent odsetek.

Ile?

BB: No, prawie 700.

700 procent odsetek w dolarach?

BB: Nie, w złotówkach.

No tak, ale była inflacja, która wszystko zżerała.

AG: Nie było żadnej inflacji. Była deflacja, a nie inflacja.

O czym pan mówi, o których latach?

AG: O latach 1990-91. Jak weszły w życie reformy Balcerowicza, to w ciągu miesiąca umarł czarny dolar, bo się skończyły złotówki, i podaż na złotówki przewyższała podaż na dolara. W związku z tym dolar się zatrzymał w kontekście ceny ze złotówką. Natomiast złotówka, leżąc na koncie, przyrastała z szybkością 30 procent. A my, sprzedając towar poniżej kosztów zakupu, mieliśmy natychmiast gotówkę – ktoś przychodził, brał towar, płacił. Nas nie interesowało, że za rogiem sprzedał ten telewizor za 100 procent więcej, bo myśmy zarabiali 700 procent na odsetkach. To wszystko było tak skonstruowane.

Czym płaciliście Koreańczykom za towar?

AG: Otworzyliśmy list gwarancyjny, płatny za rok.

A kto wystawił ten list?

AG: Polski bank komercyjny, a gwarancja musiała być regwarantowana przez utworzony dla Polski przez 18 najważniejszych państw zachodnich fundusz stabilizacyjny. To był miliard dolarów, który leżał sobie na koncie w Nowym Jorku i regwarantował odbiorcom akredytyw płatności z Polski do wysokości tej sumy. Korzystanie z tej regwarancji na rok kosztowało tylko 10 procent. My, mając milion dolarów, kupujemy towar za 7 milionów. Towar po miesiącu wraca do kraju, następnie zostaje sprzedany za 6 milionów. Dolary zostają zamienione na złotówki i 6 milionów dolarów w złotówkach zostaje zdeponowanych na polskim koncie z wysokimi odsetkami. Nie wchodząc w szczegóły – do końca roku za ten pierwszy milion dokonaliśmy importu wartego 300 milionów dolarów.

A skąd mieliście ten pierwszy milion?

BB: Pierwszy milion wniósł Marek Doliński, nasz udziałowiec, który był synem króla Cyganów. Po prostu włożył swoje pieniądze.

Czyli na bankach kręcicie największe pieniądze?

AG: Tak. Powiem tylko, że oscylator to jedyna z 47 bankowych operacji, którą ujawniliśmy.

A prowadziliście jeszcze 46 podobnych?

AG: Takich precyzyjnie opracowanych 37. Pamiętam, jak to sobie rozrysowywaliśmy, zresztą z dyrektorami banków – taki matematyczny matrix. Więc jak robimy, żeby nie było łamania prawa? Nawet do końca nie wiedzieliśmy – i oni, i my – czy coś jest nielegalne. Myśmy pożyczali bankom pieniądze. A skąd mieliśmy? Z operacji bankowych z tymi bankami.

Czy któreś z tych 47 operacji dałoby się dziś przeprowadzić?

AG: Wszystkie.

Przeprowadzają?

AG: Oczywiście.

Ale dlaczego takiej nieznanej firmie założonej przez nikomu nieznanych biznesmenów jakieś banki dają listy gwarancyjne?

AG: Dlatego, że myśmy dawali pod te gwarancje pieniądze, tu nic nie było na kredyt. Listy gwarancyjne dawano pod nasze depozyty. Poza tym wszyscy z tzw. wyższych sfer, a zwłaszcza w bankowości, już o nas dobrze wiedzieli.

Czyli pod ten milion dolarów od pana Dolińskiego?

AG: Nie, Doliński włożył pieniądze w Art-B, zanim ja przyszedłem. W momencie, kiedy doszlusowałem do firmy, Art-B miała już 5 albo 6 milionów dolarów własnego kapitału. Jak już mówiliśmy, w tamtym czasie każda transakcja przywiezienia czegokolwiek i sprzedania to był przynajmniej stuprocentowy zysk. Gdy przyszedłem, była to firma na wysokich obrotach i miała bardzo dużo zarobionych pieniędzy.

Art-B kojarzone jest wyłącznie z panem i z Bogusławem Bagsikiem jako dwoma założycielami, którzy zaczynali od zera.

AG: Firma powstała na potrzeby rynku w Cieszynie, bo tam mieszkał Boguś, i zanim przyszedłem, miała kilku udziałowców. W zasadzie była nastawiona na obrót typu kupno-sprzedaż. Od zera zaczynał Bagsik i doszedł do tych kilku milionów. Ja wszedłem, inni wyszli i już w tym nowym układzie – ja i on plus Marek Doliński wtedy już jako pasywny partner – szliśmy dalej.

Ci, którzy, jak pan mówi, wyszli, nie mieli żalu, że ominęła ich szansa na wielkie pieniądze?

AG: Nie, przynajmniej nie siedzieli w więzieniu albo nie spędzili 25 lat na wygnaniu. To ważniejsze od pieniędzy.

O więzieniu będziemy rozmawiali później. Na razie jesteśmy w czasach, kiedy Art-B kwitnie.

AG: Założyliśmy 600 firm w 50 krajach świata – od przemysłu mleczarskiego przez olejarnię, gospodarstwo rolne, produkcję sztucznych nerek, kruszenie kamieni, medycynę, mieliśmy udziały w BRE Banku, towarzystwach ubezpieczeniowych, w tym w Warcie, największej firmie energetycznej w Izraelu, mieliśmy nieograniczoną ilość ziemi w Warszawie i poza stolicą, czasem podpisywałem pięć transakcji dziennie na zakup ziemi. Piaseczno, Wilanów

– to wszystko było wtedy za bezcen, a teraz jest warte miliony dolarów.

BB: W tamtym czasie, o czym dziś się nie mówi, kontrolowaliśmy 60 procent produkcji mleka w proszku i laktozy. Był to rynek porównywalny do wydobycia węgla – wtedy na poziomie 200 milionów ton. A to był tylko jeden segment. Nie wspominając o udziałach w firmach finansowych, ubezpieczeniowych – typu Warta, zakładanych przez nas – Compensę, Mazovię, Polonię, o holdingach typu Agrotechnika, który wtedy już był potęgą, którą przejęliśmy. Może inaczej powiem: jaka była siła nabywcza jednego dolara 25 lat temu? Razy dziesięć w porównaniu z obecnym czasem. A mieliśmy pogotowie kasowe na poziomie 500 milionów dolarów, czyli żywą gotówkę, pomijając struktury i inne rzeczy. 500 razy dziesięć to jest 5 miliardów dolarów na dzisiejsze czasy tylko w gotówce.

AG: Nawet zakład pogrzebowy otwieraliśmy.

Z powodu?

AG: Dla zysku. Ktoś miał straszną ilość drewna po upadłej fabryce mebli i nie wiedział, co z tym zrobić. Powiedzieliśmy mu, że otworzymy firmę pod nazwą Wieczne Życie i będziemy robić doskonałe trumny, bo ten towar zawsze ma gwarantowany zbyt.

Art-B to był potężny holding, pracowało dla nas 500 osób. 400 topowych menedżerów, fajnych ludzi. Roczny obrót holdingu to 22,5 miliarda dolarów. Z tego zysku aktywa podwyższyły się do 12 milionów złotych po pierwszym roku.

Dolarów? W Polsce?

AG: W Polsce. Zysku netto 30 milionów dolarów, w tym należne nam dywidendy, których w końcu nigdy nie skonsumowaliśmy. Podatek dochodowy na rzecz Skarbu Państwa 12 milionów dolarów.

Za szybko się rozwinęliście. To drażniło. Dwóch młodych facetów i wielka góra pieniędzy.

BB: Pieniądze nie były naszym celem, tylko środkiem. Ile można naraz zeżreć kotletów schabowych, iloma furami jeździć...? Nie zarabialiśmy dla bezmyślnej konsumpcji. Jakie to przyjemności sprawiłem sam sobie z tytułu posiadania pieniędzy? Kupiłem sobie corvettę, kupiłem sobie fortepian i trochę sprzętu grającego. No i to byłoby na tyle.

Ten sprzęt grający to w gruncie rzeczy nowoczesne studio nagraniowe.

BB: No tak, ale ile ja w nim czasu zdążyłem spędzić? Corvettą trochę pojeździłem, w studiu rzadko bywałem, a na fortepianie dopóki byłem w Pęcicach, jednak codziennie sobie grałem, krócej czy dłużej, ale grałem i na tym się kończyły moje przyjemności. To była cała konsumpcja.

No właśnie, Pęcice. Skąd ten pomysł, żeby pałacyk w Pęcicach kupować? To też wielu zakłuło w oczy.

BB: To jest kwestia brandingu, zagadnienie marketingowe. Pałacyk jako wizytówka firmy wpływał na to, jak nas postrzegano. Określony pułap w biznesie wymaga określonego otoczenia. Zwykła inwestycja.

Droga inwestycja.

BB: To wszystko zależy, jak się to dyskontuje. Ja nie jestem zwolennikiem drukowania ogłoszeń w gazetach, bo następnego dnia są w koszu. Nie jestem zwolennikiem reklamy telewizyjnej, bo ludzie są nią zmęczeni, więc jej nie przyswajają, uciekają od niej. Natomiast jestem zwolennikiem tworzenia takich sytuacji, które przynoszą benefit. Jeżeli ktoś chce robić biznes za miliony i podjeżdża zdezelowanym mercedesem, nie budzi zaufania. No, chyba że wszyscy już wiedzą, że ma miliardy, a stary samochód to jego sentymentalna zabawka.

Taka ekstrawagancja milionera?

BB: Nawet nie ekstrawagancja, bo on to lubi. To nie musi być szpan. Po prostu do czegoś się przyzwyczaił. Ja znam biznesmenów, którzy naprawdę w tym kraju potrafiliby zrobić małą rewolucję gospodarczą, a jeżdżą starymi samochodami, bo gdzieś kiedyś je kupili za swoje pierwsze pieniądze. Mają 30 samochodów do dyspozycji, ale nimi nie lubią jeździć, bo najlepiej się czują w starym garbusie. Kiedyś spytałem znajomego biznesmena, dlaczego jeździ starym gratem. „Dlatego, żebym pamiętał, skąd pochodzę" – odrzekł.

To dał mi pan niezłe alibi, bo żona uważa, że moje 17-letnie volvo to obciach. Ale wróćmy do pałacyku w Pęcicach.

BB: Był dla mnie idealną siedzibą dla firmy. To był bardzo przyjemny dworek polski. Zaniedbany, ale wyremontowaliśmy go.

Mówi pan o reklamie. Wyście wtedy nie szukali żadnej reklamy, unikaliście rozgłosu. Działaliście właściwie poza oficjalnym obiegiem. Do pewnego momentu opinia publiczna nie miała pojęcia o istnieniu Art-B.

BB: I tak powinno zostać. Pomyłką było wyjście na zewnątrz, ten cały zgiełk, jaki wokół nas się wytworzył. No ale to było nieuniknione, bo wejście na pewien poziom powoduje, że nagle wszyscy chcą wiedzieć, czym się firma zajmuje i kim są prezesi.

Wyszliście na powierzchnię, kupując upadającą fabrykę w Ursusie. O tym mówiła cała Polska. Po co wam były potrzebne te traktory?

BB: To była nasza reakcja na prośbę prof. Zawiślaka, ówczesnego ministra przemysłu w rządzie Krzysztofa Bieleckiego i było to wszystko uzgodnione na jego szczeblu. No i też z szacunku do Solidarności, tata był jej członkiem na Śląsku.

Minister Zawiślak was prosił, żebyście ratowali Ursus?

AG: Tak. To była ich inicjatywa. Mówił, że jest problem, czy Art-B by nie pomogło? Art-B w osobie Bagsika stwierdziło, że by pomogło, i Boguś mi to zakomunikował, jak żeśmy się udali do toalety. Podczas krótkiego pobytu w toalecie dowiedziałem się o planowanej transakcji, Zacząłem bardzo intensywnie myśleć, co teraz będzie się działo, jak my to sprzedamy, gdzie przechowamy. Głowa mogła rozboleć.

No właśnie, mieliście jakiś pomysł, co z tymi ciągnikami zrobić?

BB: Tak, był pomysł. To nie jest tak, że rzucaliśmy się na upadającą fabrykę na zasadzie filantropii. Biznes to biznes. Filantropia to filantropia, mieliśmy swój departament do spraw fundacji i działalności charytatywnej. Ciągniki z Ursusa to miał być normalny fajny biznes.

Ale okazał się gwoździem do trumny.

AG: Podczas spotkania w Ursusie ówczesny premier Jan Krzysztof Bielecki zadał mi pytanie, skąd są te pieniądze, za które chcemy kupić roczną produkcję fabryki traktorów. Faktycznie, zostało to zapłacone niestety w sposób ekstrawagancki, czyli jednym czekiem gotówkowym. Jak się tak płaci i jest pytanie premiera, który siedzi naprzeciwko, to musiałem odpowiedzieć, że pieniądze mamy z 30 procent odsetek na miesiąc od naszych wkładów bankowych i w ogóle robimy operacje finansowe, z których mamy profity.

Ile tych traktorów wam zaoferowano?

AG: Chyba siedem tysięcy na sumę około 20 milionów dolarów. Resort gospodarki nie potrafił tego sprzedać, a tu przychodzi gość z teczuszką i mówi, że sobie zarobił na oszczędnościach z odsetek i chętnie kupi. To wzbudziło furię u premiera.

Zastanawiałem się, dlaczego on wpadł w furię, a nie euforię. I zrozumiałem, że musiał to odebrać jako sygnał o zagrożeniu. Byliśmy jak bomba termojądrowa, w której już zachodzi reakcja wodorowa. On to rozumiał, bo był ekonomistą. Rozumiał, że plan Balcerowicza to straszna broń dla kogoś, kto wie, jak się w tym poruszać. Z tego planu wynikało wyliczenie odsetek na miesiąc, w złotówkach tyle, na dolarze tyle, a do tego zamrożenie płac i niedrukowanie pieniędzy. A tu pojawiam się ja i mówię: hello, tak, my to już stosujemy. W tym momencie stało się tak, jakbym Bieleckiemu podał naładowany pistolet za lufę i poprosił, żeby sprawdził, czy spust działa. Potem ktoś z jego ekipy mi mówił, że on po tym spotkaniu wyszedł, usiadł na krześle i płakał. Analizując psychologicznie, Bielecki, ekonomista, płakał na korytarzu, bo zrozumiał, że coś ważnego się stało, czego ani on, ani Balcerowicz nie przewidzieli. Przychodzą jacyś ludzie, kładą czek na stole i mówią, że my sobie kupujemy wasze traktory. A macie pieniądze? Tak, mamy z odsetek bankowych.

Co zrobiliście z tymi traktorami?

AG: Nie zdążyliśmy zrobić nic, bo w krótkim czasie po zakupie traktorów w Ursusie, kolebce Solidarności, wbrew szefowi Regionu Mazowsze, ogłoszono strajk generalny. Zrobili to na dzień przed wylotem Bagsika do Japonii, do słynnej Mity, gdzie mieliśmy sprzedać pięcioletnią produkcję polskich traktorów. Mita to japońska agencja rządowa, która wspierała w tamtym czasie rolnictwo na terenie Azji.

I przez pięć lat braliby całą produkcję Ursusa?

AG: Non stop. Porozumienia z Ministerstwem Przemysłu dotyczyły również fabryki Bizona w Płocku.

BB: Myśmy całą produkcję Ursusa wykupili. Ile by tam tego nie było. Przygotowałem zbyt na traktory i to w tempie ekspresowym. Wsiadłem w naszego jeta, poleciałem do Japonii i załatwiłem, że kupią te ciągniki w ramach azjatyckich programów pomocowych. Całe szczęście, że tylko parafowałem kontrakty, a niczego jeszcze nie podpisywałem, bo następnego dnia po moim powrocie Ursus stanął. No i oczywiście znów głoszono hasła, że wszystkiemu winna komuna i Art-B też potraktowano jako komunę. Typowe pierdoły populistyczne. Ktoś podawał te rzeczy tym robotnikom, ogłupiał ich i ta propaganda padała na podatny grunt.

Fakt, że Ursus stanął, sprawił, że nie wywiązaliście się z tych azjatyckich umów?

BB: Na szczęście, jak mówiłem, kontraktów jeszcze nie podpisałem. Z ostrożności, bo nigdy nie podpisywałem transakcji, kiedy nie mogłem potwierdzić ciągłości dostaw. Całe szczęście, bo to by było obłożone potwornymi karami. Gwarantem nie był Ursus, tylko Art-B. Ale Art-B oczywiście zakupiło te traktory i zapłaciło za nie. Musieliśmy się nieźle natrudzić, aby nie wyjść na tym jak Zabłocki na mydle. Szybko utworzyliśmy sieć dealerską w Polsce i wypchnęliśmy to w rynek. Oczywiście, nie wszystko w tym czasie zostało sprzedane, ale zakłady Ursus otrzymały swoje pieniądze. Płatności były dokonywane na zasadzie prawą ręką za lewe ucho, bo wszystkie konta Ursusa były zablokowane, komornicy na nich siedzieli.

Płynie z tego wniosek, że ratując Ursusa, pogrzebaliście sami siebie.

AG: Tak w życiu bywa.

Mieliście później kontakt z Janem Krzysztofem Bieleckim?

AG: Ja nie, ale Bogusław się z nim spotkał na meczu Legii i obyło się bez całusów.

Dużo takich decyzji biznesowych podejmowaliście w toalecie?

BB: Zdarzało się, że z braku czasu jakiś temat kończyliśmy, stojąc przy pisuarach – samo życie. Ale wcześniej decyzję poprzedzała pełna obróbka merytoryczna. Były departamenty, była analiza zarówno od strony zagadnień prawnych, jak i bankowości, finansów, ekonomii, zastosowanej technologii czy rynku. Tych departamentów było 37.

Czyli Art-B przypominało dzisiejsze korporacje?

BB: Nie przypominało. Było jak najbardziej korporacją. Uważam, że jak na ówczesne realia to była bardzo dobrze poukładana logicznie, symetrycznie, z pionami i poziomami korporacja.

A kto ją zaprojektował? Kopiowaliście od innych czy sami wymyśliliście całą strukturę? Natura wyposażyła was w samorodne talenty do wielkiego biznesu?

BB: Jak patrzę na rynek po 25 latach, to widzę, że kopiuje się po nas. Powiem nieskromnie, że można by się zapytać Beethovena, dlaczego skomponował utwór *Dla Elizy*. Pewnie kiedyś widział Elizę, ale to chyba nie tłumaczy jego geniuszu. Oczywiście, gdy używam słowa „geniusz", mówię o Andrzeju. Zanim Andrzej wszedł do firmy, generalnie siedzieliśmy na bazie typowego w tamtym czasie eksportu i importu.

Kto decydował, w jaki biznes wejść?

AG: Każdy z nas. Art-B dzieliło się na dwie półkule mózgowe. Jedna się nazywała Bagsik, a druga Gąsiorowski i one się gdzieś tam stykały, ale każdy sobie wymyślał, co chciał, robił, co chciał, a gdzieś to się tam na dole stykało przez panią Zosię.

Komunikowaliście się wyłącznie przez panią Zosię?

AG: Powiedzmy, że przeszliśmy do komunikacji telepatycznej. Ja wiedziałem, co mam robić, Boguś też zawsze wiedział. No i mieliśmy dobrych ludzi do pracy.

Mieliście z Bagsikiem narady na temat wizji rozwoju Art-B?

AG: Wiedzieliśmy, że musimy zarobić jak najwięcej i jak najszybciej, bo przyjdzie czas, że to wszystko walnie. Jak ten system pęknie, to przynajmniej będziemy mieli dom i coś tam jeszcze. A jak nie walnie i zdarzy się cud, to będzie z tego firma giełdowa i wszystko, co mamy, będzie miało wartość pomnożoną razy dziesięć.

Jak to się stało, że cieszyńska lokalna spółka Art-B zmieniła się w potężny koncern działający w całej Polsce?

AG: Jak się miało nadwyżkę towaru, to trzeba było ją jakoś sprzedać. Żeby ją sprzedać, to najlepiej było to robić przez swoje, do tego celu powołane firmy. Zakładaliśmy je wszędzie, w całym kraju, gdzie się dało. To były córki firmy Art-B. Myśmy mieli większość akcji i dywidendy przeznaczaliśmy na rozwój tych firm, czyli byliśmy jakby bankiem centralnym dla zależnych podmiotów i mieliśmy nad nimi totalną kontrolę. A, co ważne, nie było konieczności pakowania się w biurokratyczne struktury, tworzenia multum stanowisk menedżerskich, bo moglibyśmy wszystkim zarządzać z Warszawy. W sztabie dowodzenia pracowało 37 osób, zarządzając grupą ponad 400 menedżerów i doradców.

Skąd braliście tych ludzi?

BB: Było wtedy bardzo dużo ludzi, specjalistów w różnych dziedzinach, którzy w PRL-u pracowali na wysokich stanowiskach, ale sytuacja się zmieniła i zostali na lodzie. Duże centrale przestały istnieć i ci ludzie byli na wyciągnięcie ręki, do wzięcia i do zagospodarowania.

Mieliście rozeznanie, kim są ci ludzie i jak do nich dotrzeć?

AG: Oni nas znajdowali, nie my ich. Wie pan, jak się ma już miliony dolarów i działa na polskim rynku, to jest się po prostu widocznym dla wszystkich. Dam panu taki przykład. Przyjechali do nas Koreańczycy z firmy Hyundai, mówią, że szukają poważnych partnerów i takie tam tradycyjne przemówienia. Powiedzieliśmy: w takim razie idźcie, zróbcie sobie rozpoznanie w Warszawie, bo może my nie jesteśmy tak całkiem poważni, chociaż skuteczni. I jak nie znajdziecie, czego szukacie, wróćcie do nas. Już na drugi dzień byli z powrotem u nas w biurze i oświadczyli, że nie ma po prostu innej, lepszej alternatywy. Podpisaliśmy kontrakty. Nasza sława chyba nas wyprzedzała. Poza tym jedna osoba wciągała drugą. Poznaliśmy Ireneusza Sekułę, który był kiedyś wicepremierem, i on nas poznał z innymi ludźmi. Przez Zbyszka Sajkowskiego, który był w resorcie transportu, dotarliśmy do innych fachowców. Później się pojawił Marek Siwiec i tak to szło. Jeden polecał nas drugiemu, drugi trzeciemu – i tak pozyskiwaliśmy wysokiej rangi ekspertów, których w tym czasie nikt inny nie potrafił zagospodarować.

Jak się przyjrzeć nazwiskom, które was otaczały, trudno oprzeć się wrażeniu, że odświeżyliście cały PRL.

AG: To też był jeden z zarzutów, jakie nam stawiano. Moja odpowiedź była taka, że bierzemy najlepszych fachowców, a nic nie poradzę, że ludzie, którzy siedzieli wcześniej w więzieniach i walczyli o demokrację, nie byli dobrymi fachowcami w biznesie ani w bankowości. Zajmowaliśmy się robieniem pieniędzy, a zatrudniać trzeba było tych, którzy mieli wiedzę na temat rynku. Takich ludzi w tamtym czasie jakoś nie było tak dużo.

Pewnie wtedy nie mieli wiedzy, ale szybko się uczyli.

AG: Próbowaliśmy dogadywać się z nimi, ale się to później bardzo źle skończyło.

BB: Od dawna używam takiego powiedzenia, że ktoś, kto wczoraj z barykad rzucał kamieniami, nie może o sobie mówić, że jest budowniczym.

Dlatego w Art-B nie zatrudnialiście dawnych opozycjonistów, ale fachowców z PRL-u?

BB: A skąd mieliśmy czerpać ludzi wykształconych albo przynajmniej tych, którzy zdobyli wykształcenie? Ludzie, którzy przyszli z nową władzą, nie byli do kierowania czymkolwiek przygotowani. Nie mieli żadnego doświadczenia, za to, co późniejsza historia pokazała, większość z nich miała olbrzymie zapotrzebowanie na finansowy sukces w życiu. Upadł PRL i oni też, jak cały naród, wystartowali po pierwsze trampki, trabanta i mieszkanie. Można grzecznie powiedzieć, że to syndrom choroby sierocej – to nam się należy, bo walczyliśmy z komuną, ale można też to nazwać tak, że z głównym nurtem rzeki męty też płyną.

W tamtych czasach mnóstwo ludzi uznało, że się do czegoś nadaje. To byli różni ludzie, młodzi bez żadnego doświadczenia albo doświadczeni urzędnicy państwowi, którzy mieli pewne kontakty i postanowili wejść do gry.

BB: Była jeszcze trzecia grupa, nazwijmy ich ludźmi ze struktur. Mieli licencje firm polonijnych, tacy wszyscy „ą" i „ę", co to się na wszystkim znają. Dwie trzecie biznesu polonijnego to…

…służby?

BB: Resortowi ludzie. Potrafili się poruszać na Zachodzie, a kwestia zbytu znaczyła dla nich mniej niż pstryknięcie palcami. Prezesi jakiegoś WSS czy GS stawali przed nimi na baczność.

Mówi się, że to służby zbudowały kapitalizm w Polsce.

BB: Jest w tym bardzo dużo prawdy. Nie było innej alternatywy. Kto wtedy miał pieniądze, kto miał kontakty? Mieli dostęp do kapitału – Bank Handlowy to był Luksemburg, Bank Pekao SA to był Paryż. I rzeczywiście ich rezydenci finansowali transakcje importowe do Polski. Ale przy tym byli bardzo sprawni. Jak oni uruchamiali jakąś machinę, to ona kręciła się jak złoto. Proszę się nie dziwić, ale ja oceniam, że jedna trzecia geszeftów przykładowo w Hamburgu, w strefie wolnocłowej, z rodowitymi Niemcami nie miała nic wspólnego.

Resortowi z sobą rywalizowali?

BB: Nie, to było podzielone z góry. Tu cywilni, tam wojsko. Nie wchodzili sobie w strefy wpływów. Ty bierzesz od tego, ale nie od tamtego. I to funkcjonowało.

Jakimi metodami wygryzali konkurentów spoza branży?

BB: Jak ktoś dał się wygryźć, to został wygryziony. Ale jak ktoś ich przegonił, to byli grzeczni.

A do was docierali?

BB: Większość z tych ludzi jakoś tam znałem, ale mnie to ani ziębiło, ani grzało.

Ale czy jakieś propozycje handlowe składali?

BB: Nie, to oni do mnie przychodzili kupować.

A jak wyglądała wtedy kwestia mafii, oni też mieli swoją niszę w legalnym biznesie?

BB: Mafia to jest bardzo wygodne słowo wytrych. Owszem próbowali się zaczepić, ale zaczepienie wyglądało mniej więcej tak: ukradnijmy tira albo zróbmy wałek i zamiast wódy nalejmy spirytus, a najlepiej to spakujmy jako kartony z sokiem.

Czyli kieszonkowe interesy?

BB: Kieszonkowe nie kieszonkowe, ale mówienie potem, że mafia rządzi w Polsce, bo ukradła dziesięć tirów o wartości 20 tysięcy marek? To jest rządzenie Polską? Nie bądźmy śmieszni.

Chodzi o mechanizm. Opowiadał mi Leszek Danielak, ów słynny Wańka, w autoryzowanym wywiadzie, że do niego przychodzą panowie z dawnych służb i składają propozycję: dostaniecie punkty kontaktowe w Niemczech, we Francji czy w Holandii, bierzecie stamtąd spirytus, przywozicie go do Polski. Tu dostajecie namiary na dyrektorów różnych Polmosów i gorzelni, dostarczacie im towar. Od tego 10 procent dla nas i wszystko, co robicie, jest legalne.

BB: Być może. Z tymi 10 procentami to bym polemizował, ale rzeczywiście były takie układanki, że chłopak z Ożarowa nagle zaczyna wozić po trzy tiry tygodniowo. Ktoś mu musiał je sprzedać. Ktoś musiał kupić, w międzyczasie trzeba było zamienić walutę. To skomplikowane.

Jest na to zgoda służb, jest na to zgoda polityczna, jest na to zgoda biznesowa. Jak to nazwać, jak nie mafią?

BB: Politycznej zgody nie ma, bo politycy mieli to gdzieś. Najwyżej się podpięli do jakiegoś kranika. I tamci, i obecni. Nic się w polityce nie zmieniło.

A w tle różni urzędnicy z ministerstw, ci od wymyślania stawek podatkowych i przepisów.

BB: Szare eminencje istniały, to fakt. Dzisiaj się inaczej na to patrzy, ale inaczej trzeba było popatrzeć w tamtym czasie. Był tylko ocet. Biznes importowy zaczął się mniej więcej w 1987 roku. Hajda do Polski, co się da! Ale jakoś szału w tych sklepach nie było – ani w 1987 roku, ani w 1989 roku, ani w 1990. Dopiero tuż przed rokiem 1991 zaczynają się pokazywać towary. Wtedy była nadpłynność gotówki, jeśli trzy lodówki się pokazały w Domach Centrum, to trzy tysiące ludzi chciało je kupić, bo walizki upchane sianem i nic z nimi nie można było zrobić. Oczywiście, jeśli patrzymy na przykład na alkohol, to było oczywiste, że niekoniecznie lodówkę czy telewizor już dziś, ale gorzałę Polak zawsze kupi, bo lepiej mieć sto butelek pod dachem niż walizkę z banknotami, które myszy mogą zjeść. To bardzo proste podstawy marketingu.

Łatwe biznesy, szybkie pieniądze. Tak było?

BB: Każdy czas ma swoje wymogi i nigdy nie jest łatwo. Jeśli ktoś sobie wyobraża, że to jest osiem godzin pracy, a potem papucie, gazeta i do domu, to niech się nie bierze za biznes. Każdy biznes wymaga co najmniej dwóch etatów w ciągu 24 godzin.

Ten biznes, jak już ustaliliśmy, prowadziliście nie tylko dzięki własnej kreatywności, ale też dzięki potencjałowi intelektualnemu, jaki wniosło do Art-B tych 400 czy 500 fachowców, których zatrudniliście. Jakie były kryteria doboru?

BB: Muzycy, a my z Andrzejem jesteśmy obaj muzykami, są bardzo wyczuleni na intonację. Można użyć metafory, że ludzie snują swoje opowieści melodią. Dobre ucho wyłapuje dysonanse. Jak ktoś coś kręci, ja to słyszę. Ale jak jego słowa układają się w pewną harmonię, to nabieram zaufania. Każdy ma wizje. Każdy przychodzi z głosem i swoją wizją. Jeden zapewnia, że ma superpomysł, i chce nas przekonać, ale my słyszymy fałsz. A drugi snuje swoją wizję, która brzmi jak muzyka Vivaldiego.

Ten od Vivaldiego nie okaże się na końcu oszustem, który pięknie brzmi, ale po to, by okraść?

AG: Jest takie żydowskie powiedzenie, że jak kradną, to znaczy, że jest co kraść, byle nie więcej niż 10 procent. To jest wliczone w koszty.

BB: Świat nie jest światem idealnych ludzi. Wśród tysięcy ludzi zatrudnionych w Art-B czy współpracujących z nami były też najczarniejsze charaktery genetycznie skażone, jak na Dzikim Zachodzie. To byli ludzie, którzy szukali przygód. To nie byli ludzie, którzy codziennie zmawiali pacierze. Ale słuchając propozycji biznesowych, zawsze oceniałem, czy człowiek skupia się na pomyśle, czy skupia się na kasie. Jak na kasie, to dziękuję, do widzenia, szkoda czasu.

Jak wyglądali poważni biznesmeni z tamtych lat – Bagsik i Gąsiorowski?

AG: Czasem byliśmy ubrani na sportowo, czasem w garniturach.

Ściągaliście garnitury z Berlina?

AG: Nie. Była w firmie taka pani Kasia i dbała o nasz image. Ciuchy kupowała w peweksie.

Wśród waszych pracowników obowiązywał jakiś dress code?

BB: Mieli nosić się elegancko, a nie szmatława. Raczej w garniturze Bossa, a nie broń Boże w plastikowcu. Musieliśmy trochę zmieniać tych ludzi ze starszej epoki. Oni tacy byli jeszcze nie za bardzo modni w tym czasie.

AG: My przyszliśmy z show-biznesu już trochę otrzaskani. A ja miałem jeszcze w latach 80., przez przypadek, nauczycielkę stylu. Było tak: podczas pierwszej podróży do Stanów, do ewangelicznych chrześcijan, pewna kobieta, miała na imię Gloria, podeszła do mnie ze słowami: „Bóg mi powiedział, że mam ci pomóc". Brzmiało to zachęcająco. „No to muszę ci kupić garnitur – kontynuowała Gloria – bo jak chcesz robić biznes, to musisz wyglądać jak biznesmen". Trochę poczułem się urażony, bo miałem wrażenie, że wyglądam przyzwoicie. No ale pomyślałem, że nie warto się obrażać, i poszliśmy po garnitur do Harrodsa. Kupiliśmy z dwoma rzędami guzików, ciemny kolor w delikatne paski, wyglądałem jak własny dziadek ze zdjęcia z lat 30. A potem Gloria oznajmiła, że pojedzie ze mną do Polski. Będzie u mnie mieszkać i uczyć mnie biznesu. I faktycznie przyjechała, mieszkała ze mną i żoną w naszym 44-metrowym mieszkaniu przez trzy miesiące. Rano wstaję, a ona już po makijażu, nienagannie ubrana, siedzi i czeka. Prywatny nauczyciel.

Czego konkretnie pana uczyła?

AG: Wszystkich niuansów. Sposobu myślenia. Metod działania. Psychologii biznesu w kręgach wyższego managementu. Jak się ubierać. Dlaczego ten garnitur, a nie tamten. Ja nie widziałem różnicy, a ona tłumaczyła, że jak włożysz w takie paski, to koszula musi być taka a taka. Jeśli idziesz do banku, to garnitur musi być inny, niż jak idziesz na kolację. Wizytówka na takim i takim papierze, w takim kolorze, taką czcionką. No i to się przydało później. Jak pojechałem do Banku Światowego i powiedziałem, że jestem z Polski, to popatrzyli na mnie tak zdziwieni, bo u nas jeszcze nie przywiązywano wagi do takich szczegółów. Chociaż z drugiej strony bywało tak, że lepiej było lecieć samolotem z jakimś inwestorem w dżinsach i sportowym obuwiu, robiąc wrażenie, że nam aż tak bardzo nie zależy na transakcji, żeby się ubierać pod niego. Ty, Boguś, do banku centralnego w Izraelu poszedłeś w klapkach.

BB: A ty do Koreańczyków poszedłeś w T-shircie.

AG: Nie, to ty. Jeszcze miałeś ciężki łańcuch na szyi. Siedzieliśmy za kwadratowym stołem ze szklanym blatem. Koreańczycy pilnie notują, a Boguś był lekko senny, opierał się o ten stół, a złoty łańcuch pobrzękiwał o blat... To było fajne przeżycie.

Ale mieliśmy też człowieka z dyplomacji, taki bardzo poukładany, kulturalny, który nas uczył podstawowych rzeczy, czyli jaka jest hierarchia usadzania przy stole, kto jest najważniejszy, gdzie i co się pije. Pamiętam, że kiedyś uczył nas, jak wznosić toasty. Był duży stół – raz, dwa, trzy i stukamy się kieliszkami przez ten stół. On mówi, że to się inaczej robi. Jak jest toast, to najpierw najważniejsza osoba, czyli prezes, wstaje i wznosi toast. Wszystko ma być z takim dystansem, jak się stukać, to delikatnie, a do osób siedzących dalej, patrząc w oczy, kiwać głową jak pingwiny dziobami. Doszliśmy do wniosku, że nie jesteśmy pingwinami, i po staremu stukaliśmy się z serca.

Dużo się piło?

AG: My akurat nie za dużo. To nie było typowe w tamtych czasach. Negocjowaliśmy kiedyś zakup samochodów marki Hyundai. Dowieziono nam wiceprezesa firmy, ale był w kiepskiej formie, bo – jak przyznał – poprzedniego dnia uczestniczył w pijaństwie. Koreańczycy bardzo dużo piją, szczególnie piwa. Wiceprezes pyta nas, czy lubimy pijaństwo. A my, że nie. Był zaskoczony, że z Polski, a nie lubią pić. Ale dobrze się skończyło, zaczęliśmy ściągać te hyundaie. Zresztą z tym związana jest zabawna historia. Boguś mówi wiceprezesowi, że widział ten model, fajna fura, chcemy kupić. „Dobrze" – mówi prezes. No to Boguś zażyczył sobie 15 tysięcy sztuk samochodów. „Jak to, przecież na statek wchodzi 7,5 tysiąca sztuk!". No to my chcemy dwa statki. Prezes osłupiał. No, ale jak płacimy? Boguś rzucił na stół kartę kredytową, zieloną American Express. Oni w szoku, że trzeba przecież przygotować dokumenty, papiery itd. Jakoś ich przekonaliśmy, i transakcja była załatwiona.

Mieliście pokrycie na wszystko, czy to była tylko zagrywka?

AG: Niczego nie udawaliśmy. Mieliśmy na karcie pokrycie, limit do 50 milionów dolarów. A że w Polsce nie było jeszcze kart, a my mieliśmy amerykańskie zielone amexy, to robiło wrażenie na całym świecie.

Tu samochody, tam telewizory. Był między tymi interesami czas na korzystanie z życia?

BB: Jedną nam się udało zrobić przyjemność, polecieliśmy sobie do Kostaryki z rodzinami. I przejechaliśmy jeepem w poprzek kontynentu – od oceanu do oceanu.

Opływaliście w luksusy – limuzyny, helikopter, samolot. Mieliście po dwadzieścia parę, trzydzieści lat. Życie mogło stać się fajną zabawą.

AG: Człowiek ma bmw, wsiada, najpierw czuje ten cudowny zapach skóry, a potem już się mu wydaje, że miał to całe życie.

Szybko pan jeździł?

AG: Ja nie, około 280 km na godzinę, Boguś do 300 dochodził, ale ja miałem bmw, a on miał corvettę, był szybszy.

Co na to policja?

AG: Jaka policja? Nie mieli takich czujników, co by wychwyciły. Raz machnęli lizakiem, to Boguś się cofnął prawie kilometr i pyta, o co chodzi. Policjant się żali, że mu się radar zatrzymał na 160, i chce wiedzieć, ile Boguś ciągnął. Bagsik na to, że 300 na godzinę. Po prostu to była zabawa.

I adrenalina?

AG: Styl życia. I konieczność. Ciągle pęd do przodu, bo trzeba zdążyć, bo wtedy szybciej było gdzieś dojechać, niż się dodzwonić.

A pierwszy helikopter? Jakie wrażenia?

AG: Huczało to i ciężko było się dogadać. W gruncie rzeczy dłużej się latało, niż jechało autem, bo trzeba było załatwiać zgodę na start i lądowanie, no i lądować nie wszędzie się dało. A jak się wylądowało przed jakimś bankiem, to pan policjant wypisywał mandat.

Lądowaliście przed bankami?

AG: Boguś miewał takie pomysły.

Ile godzin dziennie pracowaliście?

AG: Oprócz tego, że spałem dwie, cztery godziny, to była ciągła praca. Na początku nie było relaksu, nie było wakacji, nie było nic, to była praca, praca, praca, spanie w samochodach i dalej praca.

Bez żadnych dopalaczy?

AG: Bez. Żadnych narkotyków. Alkohol czasami towarzysko. No i bez kobiet.

A jak żona to znosiła?

AG: Myśmy w życie wystartowali, mając 40 metrów kwadratowych, dwa pokoje i w naszej mentalności zostało, że to jest nasz świat. A reszta to taka przygoda po drodze. Wszystkie zgromadzone potem dobra były tylko narzędziem. Najlepsze samochody były po to, żeby przeżyć, jak się zdarzy wypadek. Samolot, żeby się szybko przemieścić, wypić drinka i się przespać. Nie traktowaliśmy tego wszystkiego jak luksusu, bo w pewnym momencie, jak już człowiek zaspokoi wszystko, co kiedyś było dla niego luksusem, to potem inaczej na wszystko patrzy. Mieliśmy w firmie 300 różnych samochodów, ale ja najbardziej lubiłem takiego vana, bo tam można było rodzinę zapakować i walizki upchnąć. A Boguś najbardziej lubił ciężarówkę Renault, bo fajna była, wysoka. No, może fortepian Bogusia to była taka wielka przyjemność. Böesendorfer z powiększoną dolną oktawą. Przyleciał z nim samolotem z Japonii, gdzie załatwiał kontrakt z Sony. Nawet spytałem, czy nie mógł sobie kupić jakiegoś fortepianu w Austrii. „Nie – odpowiedział. – Jak go usłyszałem, padłem na kolana". I miał rację, brzmiał niesamowicie.

Praca to zabawa, zabawa to praca. A kiedy znajdowaliście czas na posiedzenia zarządu?

AG: To działało na zasadzie drużyny piłkarskiej. Gra się w piłkę i strzela gole.

I zawsze trafialiście do bramki?

BB: O nie, nie. Kiedyś kupiliśmy ileś tam tirów irackich rodzynek, miały iść na polski rynek. Na granicy niemiecko-polskiej okazało się, że tam jest więcej robaków niż rodzynek. To był strzał we własną stopę. Innym razem nasz handlowiec poleciał na drugi koniec świata w jakiejś sprawie i tam wpadł na pomysł, że przysłuży się firmie, bo trafił, jak mu się wydawało, na znakomitą okazję. Zakupił kilka kontenerów cymbałków. Były takiej jakości, że nawet nie mogły służyć za rozpałkę.

AG: To, co się nam udało, to było widać. Prawdę mówiąc, 90 procent biznesowych projektów było nieudanych, ale tego nikt nie widział i niech tak zostanie. W moim katalogu miałem 1500 wizytówek ważnych ludzi w światowym biznesie. A oni kontaktowali mnie z innymi i tak powstawał mit zwycięzcy. Nie widać było tego, co nie wyszło, ale obrastaliśmy w sukces, a to ściąga ludzi sukcesu.

Czy faktycznie skrót Art-B oznacza artystów biznesu?

AG: Nie, to jest kolejny wymysł tzw. wiarygodnej prasy.

Zgryźliwe.

AG: Wie pan, myśmy sami wprowadzali w obieg 90 procent informacji, które funkcjonowały potem na zasadzie stereotypów, a zostały wyprodukowane w charakterze wirusów przez nas samych.

No to niech pan się nie dziwi.

AG: Widzi pan, jak łatwo jest zdezinformować prasę. Później w to się wierzy przez 25 lat. No więc Art-B to znaczyło Artistic Business.

Że taki wysublimowany ten biznes?

AG: Nie. Chodzi o biznes, którego celem było zarabianie pieniędzy i inwestowanie w sztukę, czyli w koncerty. Artyści Biznesu to najgłupsza nazwa, która mogłaby przyjść do głowy komuś, kto działa w świecie biznesu.

Albo to taka nazwa, która sugeruje, że byliście bardzo pysznymi ludźmi.

AG: Czy my byliśmy pyszni? Jak człowiek lata prywatnym samolotem, ma 300 samochodów, kilka pałaców i pracuje od rana do wieczora, żeby zarobić jeszcze więcej pieniędzy, to nie wiem, czy można go nazwać pysznym. To ktoś, kto osiągnął sukces połączony z władzą. A zresztą to, co inni na nasz temat myślą, było i jest tak mało istotne. Na początku nikt nic o nas nie myślał, bo nic o nas nie wiedziano. To była miła sytuacja. Po raz pierwszy media nas dostrzegły i zaczęły się spekulacje dopiero przy zakupie traktorów Ursus. Wtedy powstały pierwsze artykuły w mediach.

Traktuje pan media wrogo, ale sami też założyliście własny tygodnik.

AG: Na pewno nie założyliśmy go, żeby pisał o naszej działalności.

Żeby na nim zarabiać?

AG: Oczywiście. W tamtym czasie zakładało się wszystko, każdy biznes był dobry.

Zarabialiście też na muzyce.

AG: No właśnie, stąd nazwa Art-B. Moją pasją największą była i jest muzyka. Podobnie ma Boguś. Muzyką zawsze się zajmowaliśmy, na muzyce zarabialiśmy i w muzykę inwestowaliśmy. W studiu nagrań robiliśmy płyty i jeździliśmy po całym świecie w trasy muzyczne.

W czasach Art-B o waszych koncertach jakoś się nie mówiło.

AG: Nie pisano o tym, że weszliśmy w układy z grupami showbiznesowymi, bo to nas ciągnęło. Największy koncert, jaki wtedy zrobiliśmy, odbył się podczas wizyty papieża – na Jasnej Górze w 1991 roku podczas Światowych Dni Młodzieży, gdzie zgromadziło się ponad półtora miliona ludzi, a potem wstrzeliliśmy się w grupę, która organizowała m.in. urodziny Nelsona Mandeli na Wembley z oglądalnością miliarda ludzi w tamtym czasie. Później finansowaliśmy w Sewilli pięciodniowy festiwal muzyki pod nazwą Legendy Gitary. Grali tam wszyscy najwięksi gitarzyści świata – Roger Waters, Bob Dylan, Keith Richards, George Benson, Paco de Lucía, Larry Coryell, Stanley Clarke, Brian May, Joe Walsh, Joe Satriani, Steve Vai, Cozy Powell, Joe Cocker, Jack Bruce, Robert Cray, Richard Thompson, Bo Diddley. Oglądało ten występ ponad 500 milionów telewidzów na całym świecie.

Kto to finansował?

AG: Ja i Bogusław. Nasza firma Viva Art. Mieliśmy w niej połowę udziałów. Dzięki Viva Art przyjechali do Polski Michael Jackson, Whitney Houston i inne wielkie gwiazdy. Ale to już za czasów działalności Marka Szpendowskiego po naszym wyjeździe.

Ale to już nie była wasza firma wtedy?

BB: Ona jest nasza do dzisiaj.

Jak by panowie porównali reguły biznesowe z tamtych lat i dzisiaj? Wtedy dżungla, dzisiaj cywilizacja?

BB: Dziś jest większa brutalność, absolutnie. Wtedy większość ludzi siadających do stołu, aby coś negocjować, była nastawiona, żeby coś wspólnie zarobić. Dziś ludzie siadają do stołu z nastawieniem, jak przewalić partnera. Wtedy się podawało ręce i to obowiązywało daleko bardziej niż podpis. Dziś się podpisuje umowy i tylko czeka, kto się okaże na tyle głupi, że czegoś nie doczyta. Po to są dziś umowy, żeby złapać haka na kogoś i go załatwić przy pomocy prawnika. Wtedy, jeśli podpisaliśmy umowę i ktoś świadomie kogoś wywrócił, to już była wendeta. Już nie było prawa, nie było nic. I ludzie się ganiali z bejsbolami. Rzecz jasna, to się nie opłacało, bo lepiej było zarabiać, niż się wzajemnie obijać, ale przynajmniej zasady były jasne. A dziś to jest taka piramida, matriks prawny, że bez względu na to, co się podpisze, to na końcu młody prawnik wywali tę umowę i ci nie zapłacą. To już jest taka wojna intelektualna na nanotechnologicznym poziomie. A kiedyś był bejsbol. Myśmy mieli partnera, o którym wspominałem, syna króla Cyganów, Marka Dolińskiego. Naprawdę nie chciało się nikomu powodować konfliktów z tego typu ludźmi. A to był bardzo spokojny człowiek, ostoja we wszelkich negocjacjach.

Tak się go bano?

BB: Nie bano, szanowano go. Nie spotkałem nikogo, kto się śmiał, że przewalił Marka Dolińskiego. To było fajne zderzenie kultur. Z jednej strony te wszystkie służby, wywiady, kontrwywiady, szare eminencje. A z drugiej strony taki Doliński. I wystarczyło. Kiedyś nie było potrzeba sądów, nie było tylu prawników, nie było tylu księgowych, nie było tego, co jest dziś. Był człowiek i człowiek, grupa i grupa. Każdy miał jakieś powiązania. To były ważne relacje, bo załóżmy, że za każdą z tych 500 osób pracujących na wysokich szczeblach w Art-B stało dziesięciu jego przyjaciół z podobnej półki. To jest pięć tysięcy wpływowych osób w gruncie rzeczy kibicujących naszym biznesom.

CZĘŚĆ II

Rozmowa z Andrzejem Gąsiorowskim

Dlaczego musiałem wyjechać z Polski

Dlaczego to wszystko tak marnie się skończyło?

Dlaczego marnie się skończyło? Co się marnie skończyło? Dla kogo?

Dla was. Pana, Bagsika i Art-B.

Proszę powiedzieć, co to znaczy marnie.

Marnie – ucieczka z kraju, utrata firmy.

Myśmy nie uciekli, tylko nam uniemożliwiono powrót. To jest różnica. Wie pan, bo to zawsze tak jest, że jak się do czegoś dojdzie i się odniesie wymierny sukces, to kogoś uwiera. Myśmy po prostu rozwijali firmę, próbowali dać ludziom pracę, próbowali być konstruktywną częścią wchodzącego wtedy do Polski systemu nowych wartości. Jedyna nasza wina polegała na tym, że to wszystko stało się za szybko oraz byliśmy za młodzi, żeby rozumieć pewne mechanizmy w tamtym czasie.

Rozmawiałem kiedyś z Bogusławem Bagsikiem, siedzieliśmy w kawiarni i dużo ludzi go rozpoznawało. Spytałem go, jak reaguje, gdy podchodzi jakiś człowiek i pyta, czy to on

jest Bogusławem Bagsikiem. Odrzekł, iż wtedy odpowiada, że to jest przypadkowa zbieżność imienia, nazwiska i wyglądu. I pan teraz też do mnie mówi tak, jakby wszystko, co się stało, dotyczyło innych osób przypadkowo noszących wasze nazwiska i twarze.

To ja powiem bardziej brutalnie w takim razie. Ja traktuję pana jako przedstawiciela wrogiego sobie świata medialnego, który zniszczył moje życie. To właśnie media doprowadziły do powstania pewnych stereotypów, w które pan dzisiaj po 20 latach wierzy święcie.

Ja tylko pytam, nie mówię, w co wierzę, bo to nie ma znaczenia.

A ja w tym momencie po prostu odpowiadam wprost. Fakty, które w tamtym czasie przedstawiano, oczywiście stosując wszystkie znane metody socjotechniki, właśnie miały doprowadzić do tego, że taka percepcja społeczna powstanie. Aferzyści uciekli, czyli byli winni. Wyjechaliśmy bodajże 1 sierpnia 1991 roku. A wie pan, kiedy wystawiono za nami list gończy? Czy pan dotarł do tej informacji, czy jakoś tak umknęła panu?

Kiedy?

Za mną trzy miesiące po naszym wyjeździe! Za Bagsikiem trochę wcześniej, ale też jak już go w Polsce nie było. W związku z tym proszę mi wytłumaczyć, na czym polega pojęcie ucieczki w tym kontekście.

To semantyka. Nie uciekliście, tylko wyjechali po cichu.

Pan powiedział, że uciekłem i się tłumaczę tak jak Bagsik. A ja mówię, że fakty są takie, że trzy miesiące po moim wyjeździe wydano list gończy. Dlaczego nie od razu? Co więcej, dopiero tydzień po naszym wyjeździe dokonano zbrojnego najazdu służb specjalnych na nasze siedziby. Tydzień po wyjeździe. Nie dwie godziny, nie dwie minuty, tylko tydzień.

A jakie to ma znaczenie, że nie od razu?

W „Gazecie Wyborczej" już wcześniej był przygotowany do druku tekst „Art-B ucieka. Bankowcy w areszcie" Jana Bazyla Lipszyca. Wie pan, to był fajnie przygotowany scenariusz, w którym główną rolę zarezerwowano dla służb specjalnych. W artykule Witolda Gadowskiego odnalazłem taki tekst: „WSI walnęły Art-B za to, że oni walnęli nasz FOZZ. Gdy oni nam wywlekli FOZZ, to przecież nie mogli się spodziewać, że pozostaniemy bierni. Walnęliśmy ich Art-B. Taka wypowiedź ciągle tłucze mi się po głowie, kiedy zastanawiam się nad fenomenem Polski". Cytat pochodzi z ust byłego szefa krakowskiej delegatury WSI. Podobne informacje dostałem z różnych źródeł. W związku z tym oficjalna wersja jest taka, że to WSI walnęło nas. I to było fajnie powiedziane – jak nie możesz ich walnąć za coś, to walnij ich za nic. W związku z tym zostaliśmy walnięci za nic. Po prostu wypadek przy pracy.

Nadal nie rozumiem, co FOZZ ma wspólnego z Art-B.

Sprawą operacyjnego rozpracowania Art-B na polecenie Andrzeja Milczanowskiego zajęli się gen. Wiktor Fonfara oraz płk Adam Dębiec. Doskonali fachowcy. Działali od początku bardzo profesjonalnie. Płk Adam Dębiec prowadził równolegle sprawę FOZZ-u. Gdyby nie nowelizacja prawa za rządów Kaczyńskiego przedłużająca okres przedawnienia, sprawa FOZZ-u uległaby przedawnieniu. Wszystko wskazuje na to, że cały czas konsekwentnie przykrywano „aferą" Art-B sprawę FOZZ-u. O nas miało być zawsze głośno. Chodziło o to, aby FOZZ sądzić, ale nie osądzić, aby nas łapać, ale nie złapać.

Wie pan, z dzisiejszej wiedzy wynika, że WSI wtedy miały dobre wejścia do ówczesnej Kancelarii Prezydenta, gdzie siedział między innymi pan Maciej Zalewski.

Nie tylko tam, ale – jak widzę – przede wszystkim do premiera mieli wejścia, bo to on nas „walnął", czyli myśmy zostali walnięci przez WSI za pomocą maczugi UOP, którą uruchomił Jan Krzysztof Bielecki – ówczesny premier RP.

Dlaczego staliście się dla Bieleckiego solą w oku?

On sam opisuje, że podczas pierwszej rozmowy w Ursusie, ze mną to była rozmowa, określił, że jesteśmy bardzo niebezpieczną grupą. Było spotkanie, na którym obywatel kraju chwilowo pełniący funkcję premiera spotyka się z drugim obywatelem, który chciał uratować zakłady Ursus, po czym stwierdza, że ten obywatel jest bardzo niebezpieczny i należy go zlikwidować – jak to określił – najpierw operacyjnie, potem prawnie.

No, ale to nie przeszkadzało, że Ursus sprzedał wam kilka tysięcy traktorów.

Myśmy wcześniej kupili te traktory, próbując ratować fabrykę traktorów na wniosek jego ministra, by później Bielecki określił, że właśnie taka działalność jest bardzo niebezpieczna, należy nas zlikwidować, czyli wniosek jest taki, że nie wolno ratować Ursusa, płacić pieniądze na pensje dla 100 tysięcy ludzi, bo się jest określonym jako bardzo niebezpieczny element dla funkcjonowania państwowości.

Wyjechaliście z Polski, bo Maciej Zalewski z Kancelarii Prezydenta was ostrzegł?

Nie.

No dobrze, ale skąd ta decyzja o nagłym wyjeździe?

Wyjazd z rodzinami na wakacje był zaplanowany od dawna. Rok wcześniej była to Kostaryka, tym razem Izrael i USA. Jednocześnie w tym czasie był sygnał o możliwym zagrożeniu naszych rodzin ze strony terrorystów.

I rozumiem, że był to sygnał płynący także ze służb?

Tak.

Może pan trochę konkretniej?

Była to grupa operacyjna wokół operacji „Most", która składała się z funkcjonariuszy różnych departamentów, pracował tam także gen. Edwin Rozłubirski oddelegowany z MON. Wprost od niego mieliśmy informację o niebezpieczeństwie, ale też od przedstawicieli służb izraelskich. Były to informacje konkretne, że określona grupa terrorystów bliskowschodnich, która pozostała w Polsce w spadku po czasach dominacji ZSRR, będzie próbowała zastraszyć wszystkich, którzy spróbują nawiązać kontakt z Izraelem.

To jednak była ucieczka, tyle że przed terrorystami.

To był planowany wyjazd, wywiezienie rodzin do Izraela i potem do Stanów.

Skok w nieznane, na obcy garnuszek?

Na obcy? Na własny. Mieliśmy domy wszędzie. W Izraelu, w Stanach, w Polsce. Ponad 200 firm poza granicami Polski. Więc zaplecze nie stanowiło problemu.

Jak zachwialiśmy równowagą polityczną kraju

Po co przed wyjazdem spotkaliście się z Maciejem Zalewskim?

Odbyliśmy z nim kilka spotkań. Nie będę o tym opowiadał, bo nikt mi nie uwierzy. Przeczytam panu fragment raportu Zalewskiego dla Olgi Krzyżanowskiej [wówczas wicemarszałek Sejmu i przewodnicząca Komisji Etyki Poselskiej – przyp. autora]:

Pani Olga Krzyżanowska w dniu 17.12.1993 – kontekst, charakter i okoliczności moich kontaktów z Bogusławem Bagsikiem i Andrzejem Gąsiorowskim. W dniu 12.03.1991 r. zgodnie z postanowieniem Prezydenta RP Lecha Wałęsy w sprawie Komitetu Obrony Kraju zostałem powołany na stanowisko Sekretarza Stanu w Kancelarii Prezydenta RP, z jednoczesnym powierzeniem funkcji Sekretarza Komitetu Obrony Kraju. Zakres moich obowiązków obejmował m.in. problematykę zagrożenia porządku wewnętrznego kraju. Problematyka ta pokrywa się ze sferą odpowiedzialności Ministerstwa Spraw Wewnętrznych i Ministerstwa Sprawiedliwości.

Ważnym aspektem problematyki zagrożeń jest sposób funkcjonowania na polskim rynku kapitału prywatnego i zagranicznego, jego pochodzenie, źródła i kierunki obiegu, wpływy, jakie może on wywierać na finanse publiczne i politykę pieniężną państwa.

Dnia 23.04.1991 r. w rozmowie z Szefem Urzędu Ochrony Państwa określiłem zakres powyższej problematyki i zwróciłem się z prośbą o dostarczenie mi odpowiednich materiałów i informacji. Odpowiedź Szefa UOP przedstawiała zakres wiedzy UOP w interesujących mnie sprawach i umacniała w przekonaniu, że należy zajmować się energicznie tą problematyką. W ciągu trzech tygodni odbyłem z kierownictwem UOP pięć spotkań i pięć dyskusji poświęconych tej sprawie.

Jedną z firm, której poświęcaliśmy uwagę, była spółka Art-B. W czasie wizyty Prezydenta RP w Izraelu, w dniach 21-23.05.1991 r. odbyłem spotkania z najwyższymi przedstawicielami izraelskiego ministerstwa obrony i służb specjalnych. Jednym z przedmiotów naszego zainteresowania była spółka Art-B (inwestycje w przemyśle paliwowym Izraela, powiązania z największymi izraelskimi bankami i służbami specjalnymi Izraela, domniemane związki z KGB w prowadzeniu akcji transportowania rosyjskich Żydów do Izraela etc.).

Brak możliwości uzyskania skutecznej pomocy UOP w powiększaniu informacji o Art-B zmusił mnie do nawiązania bezpośredniego, operacyjnego kontaktu z panami Bagsikiem i Gąsiorowskim. Informację o nawiązaniu kontaktu przekazałem swoim szefom w Kancelarii Prezydenta RP (Jarosławowi Kaczyńskiemu i Lechowi Kaczyńskiemu), panom Ministrom Stanu oraz Szefowi Urzędu Ochrony Państwa.

W czerwcu odbyłem siedem spotkań z właścicielami Art-B. Andrzej Gąsiorowski zadeklarował pełną współpracę w wyświetleniu niejasności związanych z funkcjonowaniem firmy Art-B, zasięgiem operacji przez nią prowadzonych i źródłem pochodzenia środków, którymi firma obraca.

Właściciele Art-B przekazali wyczerpujące informacje i materiały dotyczące operacji finansowych prowadzonych przez firmę, tzw. oscylatora.

(Kończy czytać i czeka na reakcję).

Sami opowiedzieliście wysokiemu urzędnikowi państwowemu o oscylatorze?

Całość materiałów oscylatora przekazaliśmy wprost do UOP-u przez szefa Biura Bezpieczeństwa Narodowego i do Kancelarii Prezydenta. Bo wszystko, co robiliśmy, było jawne i legalne.

Za pośrednictwem Zalewskiego?

Uważaliśmy go za prawą rękę prezydenta Lecha Wałęsy. Pisał w swoim raporcie, że właściciele Art-B zadeklarowali chęć pośrednictwa w kontaktach finansowo-handlowych z Izraelem na dużą skalę oraz wyjaśnili mu, jak działają struktury Art-B. Ujawnili też analizy polityczne zbliżających się wyborów parlamentarnych i informacje dotyczące zaangażowania Art-B w kampanię prezydencką. Informacje operacyjne zostały przez Zalewskiego przekazane do Urzędu Ochrony Państwa.

I co z tego wynikło?

On to tak opisywał: *Na mój wniosek z 17.06.1991 r. Prezydent RP w dniu 18.06.1991 r. udzielił mi pełnomocnic-*

twa ds. kontaktów z izraelskimi służbami specjalnymi w sprawach bezpieczeństwa państwa. Równolegle z rozmowami z Art-B trwały kontakty z przedstawicielami Izraela.

Właściciele Art-B deklarowali chęć pośrednictwa w kontaktach finansowo-handlowych z Izraelem na wysokość 2 miliardów dolarów.

W dniu 25.06.1991 r. Minister Stanu, Szef Kancelarii Prezydenta RP Jarosław Kaczyński, po rozmowie, jaką odbył z szefem Urzędu Ochrony Państwa Andrzejem Milczanowskim, przekazał mi polecenie zaprzestania kontaktów z Art-B. Bezzwłocznie zaprzestałem kontaktów z Art-B. Pomimo dwu miesięcy pracy poświęconej zbadaniu spółki nie jestem do dziś w stanie autorytatywnie wypowiadać się na jej temat w aspekcie bezpieczeństwa państwa i zagrożeń.

Minister Zalewski nie wiedział, czy zagrażaliście państwu?

Oni nie bali się nas w kontekście państwa. W wywiadzie dla „Gazety Wyborczej" Zalewski przyznał, dlaczego się nas obawiano. Tłumaczył, że Art-B zjawiło się w polu jego widzenia, gdy już pracował w Kancelarii Prezydenta. Nagle pojawia się wielka firma, która buduje sobie image firmy prorolniczej ratującej zakłady w Ursusie. Mając na dodatek pełne zaplecze ekonomiczne, staje się znaczącym elementem sceny politycznej. Firma chce oddziaływać nawet na rezultat wyborów. I zastanawia się, czy tak trudno sobie wyobrazić, że jako urzędnik odpowiadający za bezpieczeństwo państwa próbuje dowiedzieć się czegoś na własną rękę, kiedy nie udaje mu się uzyskać żadnych informacji.

Może już skończmy tę prasówkę. Mam jeszcze kilka pytań.

Jeszcze moment, bo to ciekawe. Dziennikarze pytają go, czy ta odpowiedzialność za bezpieczeństwo państwa była jedynym powodem zainteresowania Art-B. Odpowiada, że zaczął się obawiać, że Art-B jest grupą kapitałową związaną – jak mówi – z wami, czyli „GW" i Unią Demokratyczną, i że ona będzie jedną z waszych lokomotyw. Że to wasza firma. Że kupimy Ursusa, sprzedamy tanio chłopom ciągniki i Unia zdobędzie 25 proc. głosów więcej. Poleciał do Leszka Kaczyńskiego i od niego usłyszał, cytuję: „Leć do prezydenta Lecha Wałęsy, bo jeszcze zaraz zaczną nas załatwiać od strony chłopów". I konkluduje: taka sprawa mogła zaburzyć równowagę polityczną kraju.

Trochę kabaretowo to wszystko brzmi.

Wie pan, powiedziałbym tu brzydko, ale pan to nagrywa. Zgoda, kabaret. Dlaczego Zalewski nie mógł uzyskać informacji o Art-B? Bo żaden z urzędników zajmujących się bezpieczeństwem państwa nie był w stanie mu ich udzielić. Tacy byliśmy niewidzialni, że nic nie wiedzieli?! Zwracał się do UOP-u, kontaktował się z szefem UOP-u Andrzejem Milczanowskim i z oficerem śledczym, który zajmował się sprawami gospodarczymi. Dopiero po dwóch tygodniach jego rozmów z przedstawicielami Art-B dotarła pierwsza informacja z UOP-u o naszej firmie sugerująca niejasne powiązania Art-B. Co to znaczy „niejasne powiązania" – nie tłumaczy. Później z polecenia Andrzeja Milczanowskiego, szefa UOP-u, z dnia na dzień uciął jakiekolwiek kontakty z prezesami Art-B.

Chyba nie tylko ze strachu?

Mówił, że UOP mu zasugerował, żeby nie interesował się naszą firmą. Jego zadaniem w Biurze Bezpieczeństwa Narodowego było rozeznawanie polskiego kapitału, ale w rzeczywistości zajmował się wyłącznie Art-B, którą traktował jako precedens, na przykładzie którego można zobaczyć, jak państwo może się bronić przed bogatą firmą, a kiedy jest bezradne. Jak sam twierdził, nie interesował go katalog działań polskich firm, ale wyłącznie ten osobliwy przypadek. Firma, która nagle staje się głośna, przedstawiana w prasie jako złote dziecko polskiego kapitalizmu. Niekonwencjonalna, miała przełamać inercję polskiego systemu bankowego. Rozbudzała namiętności, sama się narzucała, żeby się nią interesować. Chcąc zdobyć informacje na temat działań importerskich Art-B – chodziło o import telewizorów z Dalekiego Wschodu – zaprosił do BBN kilku biznesmenów, którzy należeli do lobby przeciwnemu takiemu importowi, na przykład Zbigniewa Niemczyckiego.

Ile razy spotkaliście się z Maciejem Zalewskim?

Było siedem spotkań. Pięć u nas, dwa u niego.

I rozmawialiście faktycznie o sprawach, które on wymienia w cytowanym przez pana wywiadzie i raporcie dla Sejmu?

Zadawał krótkie pytania: skąd macie pieniądze, jak działacie, jakie macie struktury? Na czym zarabiacie pieniądze? Z kim jesteście powiązani?

A wy odpowiadaliście? Dlaczego, przecież mieliście prawo do tajemnicy handlowej?

Jest prosta zasada: jeśli wysoki urzędnik pyta, a ja nie mam nic do ukrycia, to mogę mu wszystko powiedzieć. Odmowa odpowiedzi nic mi nie da. I tak się dowiedzą. Po dwóch pierwszych rozmowach Zalewski stwierdził, że jesteśmy w porządku. Później zasugerował wejście w układ z Porozumieniem Centrum, partią braci Kaczyńskich.

W jaki sposób to zasugerował? Tak po prostu?

Chodziło o wejście kapitałowe w spółkę Telegraf. Współpraca gospodarcza z podmiotem, za którym stoją gwarancje osób zajmujących wysokie stanowiska państwowe, wydawała nam się bardzo korzystna z punktu widzenia strategii i w ogóle bezpieczeństwa biznesu. Podobał mi się program działania PC, czułem szacunek do braci Kaczyńskich, prezydenta Lecha Wałęsy.

Jaką korzyść mieliście z tego odnieść?

W tamtym czasie mieliśmy roczny przyrost kapitału na wielu operacjach finansowych liczący około 18 tysięcy procent. Korzystając z możliwości, jakie dawała współpraca z Telegrafem, moglibyśmy zarabiać nawet 30 tysięcy procent na rok.

Zarabialiście rocznie 18 tysięcy procent?

Już mówiłem, że prowadziliśmy równolegle kilkadziesiąt operacji finansowych, z których tylko jedna została ujawniona przez moją nieostrożność, czyli oscylator. Pozostałe to jest kwestia między nami a bankami.

Prowadziliście jeszcze innego rodzaju gry bankowe?

To nie są, proszę pana, gry bankowe, to są normalne operacje transformacji substytutu wartości z jednej formy w drugą, zarabiania pieniędzy według ustalonych reguł.

Jak zwał, tak zwał, chociaż używa pan zbyt skomplikowanego języka. Inna rzecz jest ciekawa. Co to znaczy, że przez nieostrożność ujawnił pan mechanizm oscylatora? Gdyby pan tego nie opisał Zalewskiemu, to nikt by o oscylatorze nie wiedział?

Oscylator był znany wszystkim we wszystkich bankach, Ministerstwu Finansów, Urzędowi Skarbowemu oraz Najwyższej Izbie Kontroli. Natomiast – jak widać – nikt w świecie polityki oraz służb specjalnych nie miał w tym temacie jakiejkolwiek wiedzy. Zalewski po jakimś czasie to zrozumiał, a premier Jan Krzysztof Bielecki się tego wystraszył, bo on jako ekonomista szybko pojął, że system, który stworzono, może dać zarabiać firmom, które wiedzą, jak to wykorzystać. A jeżeli są podpięte pod konkurencyjny układ polityczny, jak w tym przypadku pod PC i Lecha Wałęsę, to dla niektórych robi się groźne.

Zalewski, proponując wam w imieniu PC biznes i bardzo bliską współpracę, wiedział, że waszym zapleczem są mózgi z głębokiego PRL?

Tak.

Wymieniał nazwiska?

Tak. Natomiast nasza postawa była prosta, że my nie patrzymy na ludzi pod względem politycznym. Jesteśmy z głębokiej prowincji, nawet nie znaliśmy tych ludzi wcześniej. Jest nam to obojętne. Poczekamy, aż się nowe kadry wykształcą, ale na razie po prostu korzystamy z tych, którzy są dostępni. Zresztą Lech Wałęsa też mianował na szefów NBP ekonomistów z komunistyczną przeszłością, co świadczy, że naprawdę brakowało innych ekspertów w tamtym okresie. To samo działo się w służbach specjalnych. Prowadzący sprawę Art-B oraz FOZZ-u – płk Adam Dębiec i gen. Wiktor Fonfara – byli uprzednio doskonałymi fachowcami w resorcie SB. Mianowany rok później likwidator Art-B był w okresie stanu wojennego wicewojewodą katowickim – współodpowiedzialnym za masakrę górników w kopalni Wujek. Prokurator Kazimierz Radomski oraz wszyscy pozostali urzędnicy polskiego wymiaru sprawiedliwości prowadzący sprawę Art-B byli komunistami z okresu PRL. To był przecież trudny poród demokracji.

Zalewski to zrozumiał?

On był idealistą, dla niego to była walka klas, natomiast nie mógł wywrzeć wpływu na nas, kogo będziemy trzymać, a kogo będziemy wyrzucać.

Ile pieniędzy przekazaliście Telegrafowi?

Nie pamiętam.

Mówiło się o 60 miliardach ówczesnych złotych, czyli około 6 milionach dolarów.

Może, ale to była jakaś normalna, w granicach zdrowego rozsądku inwestycja. Takie pieniądze myśmy inwestowali w wiele innych firm.

Czy to zostało opisane w dokumentach księgowych jako inwestycja, czy jako darowizna?

Nie, to była zwyczajna pożyczka.

Pożyczka zwrotna i oprocentowana?

Tak, wszystko było opisane. Pieniądze zostały zwrócone w terminie.

Zwrócili po waszym wyjeździe?

Tak.

Zwrócili sami z siebie czy na wasze żądanie?

Sami z siebie.

Było więcej takich politycznych pożyczek?

To nie była polityczna pożyczka.

A może finansowaliście ówczesne partie polityczne?

A po co było kogokolwiek finansować?

Wtedy taki był zwyczaj. Aleksander Gudzowaty dawał po 20 milionów złotych kilku partiom. Chyba żeby nikt nie posądził go o sprzyjanie jednej stronie.

Nie finansowaliśmy żadnej partii.

A czy to prawda, że dał pan Lechowi Wałęsie czek na kampanię wyborczą?

Jaki czek?

Od prezesa Bagsika.

Nieprawda. Natomiast ja zawsze sobie tutaj zadaję pytanie, z perspektywy czasu, po co partiom i politykom były wtedy pieniądze na wybory.

No, jak to po co? Bo demokracja się rodziła, a partie cierpiały biedę. Brali, od kogo się da.

Wtedy wszyscy wiedzieli, kto to jest Wałęsa. Plakatów nie trzeba było robić. Był Wałęsa kontra Jaruzelski, to po co komu pieniądze były na wybory? To jakiś mit z tymi pieniędzmi.

To nie jest mit. Biznesmeni dawali pieniądze. Aleksander Gudzowaty dawał jednocześnie i tym z prawej strony, i tym z lewej. Miał gest.

To jego sprawa, co robił ze swoimi pieniędzmi. Ale ja bym tego nie nazwał dawaniem pieniędzy.

Wspomaganiem?

Nie wiem, jak bym to nazwał. Próbą okazania szacunku.

W Afryce można było tak okazywać szacunek, ale nie w Polsce.

Zwróćmy uwagę, kto był oponentem Wałęsy. To niejaki Stanisław Tymiński, któremu popatrzyłem w oczy i poczułem zaniepokojenie. Człowiek znikąd, który nie wiadomo jaki ma projekt, który mógłby wygrać, bo wszystko wtedy było możliwe.

No, wygrał z Mazowieckim.

I to mnie bardzo zabolało. Co by nie powiedzieć, Tadeusz Mazowiecki był dla mnie kimś bardzo ważnym. Ograć go to znaczy, że jest coś nie tak z tą demokracją. Miałem nadzieję, że Mazowiecki wygra ten wyścig, bo to był dobry układ, dobra struktura. Ale ten jego komitet wyborczy był chyba za bardzo niemrawy.

Ale Mazowieckiemu nie proponował pan wspomagania.

Proszę pana, ja nigdy Mazowieckiego osobiście nie spotkałem.

A jak było z tym czekiem dla Wałęsy?

Nie było żadnego czeku.

Zdjęcie było.

Czego? Jak dawałem czek Lechowi Wałęsie?

Pana rozmowy z Wałęsą i wzajemnego uścisku dłoni.

Uścisk dłoni – to normalne po oficjalnym spotkaniu.

Czy prawdą jest to, co się pojawiało wtedy w mediach, że pan wystąpił incognito? Nie przedstawiał się pan, że jest z Art-B, tylko jako asystent dyplomaty z Kostaryki.

Nie, to nieprawda. Byłem Wałęsie przedstawiony jako wiceprezes firmy Art-B. A dyplomatą był Jorge Murillo, konsul Kostaryki. To był mój przyjaciel. Studiował kiedyś w Polsce medycynę. Znał prezydenta i zaprosił mnie na audiencję.

I to on przedstawiał pana Wałęsie?

Nie wiem, kto przedstawił nas Wałęsie. Dostałem informację, że mam polecieć i się spotkać. Kto zorganizował spotkanie, nie mam pojęcia.

Miał pan przekazać wtedy Wałęsie następujące słowa: „Przykładem nowego myślenia jest na przykład prezes Bagsik, który przesyła pozdrowienia i wyrazy poparcia z Tajwanu".

Być może tak było. Wie pan, trzeba coś powiedzieć przy pierwszym spotkaniu.

I miał pan wyjąć z kieszeni czek firmowy na miliard starych złotych.

Nie.

Wałęsa czeku nie przyjął, mówiąc, że takie sprawy załatwia się z jego asystentami.

Nie.

Nie było żadnego czeku?

Nie było.

Ale uścisk dłoni był?

W takich okolicznościach zawsze jest uścisk dłoni. Na pomysł zrobienia okolicznościowego zdjęcia wpadł mój szalony przyjaciel konsul. I to wszystko.

Była to później niezręczna sytuacja dla Wałęsy, kiedy chciał was puścić w skarpetkach.

Może nie on wymyślił te skarpetki, ktoś mu to podpowiedział. Na tej audiencji zobaczyłem człowieka lekko sfrustrowanego i przestraszonego. Nie było tam czasu na jakieś dłuższe konwersacje. Zbliżała się ostatnia runda wyborów, nie było wiadomo, czy wygra, czy przegra. Chcieliśmy pokazać, że nieważne, co się będzie działo, jest dla nas liderem Solidarności, a my jesteśmy przedstawicielami biznesu niezależnego. Nie za bardzo to jeszcze koegzystowało, ale jesteśmy i nie mamy wrogich zamiarów. To był taki gest, ale pieniędzy nie przekazałem. Po co jemu byłby nasz czek z Art-B? Zwłaszcza że tam wokół było z dziesięć osób z kancelarii. To jest wytwór czyjejś wyobraźni albo autosugestii. Zwłaszcza że ja byłem wtedy w stresie.

Ale i tak dla jednych byliście groźni, bo uważali, że trzymacie z Unią Demokratyczną, dla drugich – bo z PC.

Nam ta cała polityka była do niczego niepotrzebna, bo to był inny świat. Zalewski się bał, że jakbyśmy kupili tego Ursusa i zrobili dobrze chłopom, to chłopi pójdą za Unią, bo my byliśmy postrzegani jako Unia. Mieliśmy dobre kontakty z Unią Demokratyczną.

Jedni uważali, że trzymacie z Unią, inni, że z PC. Ale polityka nie była wam tak obojętna, jak pan mówi, kandydowaliście w wyborach w 1991 r.

Myśmy wtedy startowali do Senatu jako niezależni kandydaci. Mieliśmy bardzo duże poparcie, tylko jakoś tak nie mogliśmy wrócić do kraju, żeby zrealizować swoje pomysły.

Skąd pan kandydował?

Wałbrzych.

A Bagsik?

Cieszyn.

I po co wam był ten Senat?

By stać się politykami.

Jak to się stało, że po waszym wyjeździe zarządcą Art-B, na bardzo krótko zresztą,

został Aleksander Gawronik?
To była wasza decyzja?

Tak, to była nasza decyzja.

Dlaczego on?

Byliśmy zbliżeni w biznesie i wydawało nam się w tamtym czasie, że mamy wspólne poglądy na tematy zasadnicze. On był najbardziej kompetentną osobą, którą znaliśmy w tym czasie, do tego celu. Tu chodziło cały czas o próbę wyjścia z tego kryzysu w sytuacji, w której się wtedy znaleźliśmy, czyli przymusowym oddaleniu od kraju.

Potem pojawiła się sprawa obrazów, które on zabrał z pałacyku w Pęcicach.

To już jest inna sprawa.

Okradł was?

Prokurator określił to, co się stało z obrazami, jako próbę grabieży. Zresztą te obrazy już nie były nasze, bo przekazaliśmy firmę w zarząd do Banku Handlowo-Kredytowego. On był zarządcą firmy Art-B, której właścicielem był już BHK, bo przekazaliśmy BHK całość udziałów.

BHK nie miał do was roszczeń z tytułu poniesionych strat?

BHK nie poniósł żadnych strat. Zawarliśmy z nimi umowę w Hanowerze. Przekazaliśmy akcje i majątek Art-B w rozliczeniu. Pół roku później NBP postawił BHK w stan likwidacji i wprowadził zarząd komisaryczny. Majątek BHK wynosił w tamtym czasie ponad miliard dolarów. W aktywach BHK były udziały ponad 300 firm, w tym browar Okocim, Żywiec, Wólczanka, Elektrim, port lotniczy Pyrzowice, Turawia, zamek Lubiąż, dwanaście gazet – w tym „Wprost", „Gazeta Wrocławska", „Gazeta Śląska", drukarnie, ponad dziesięć tysięcy zatrudnionych osób. Wszystkie środki z likwidacji BHK przejął NBP. Dzisiaj jedynym majątkiem jest Art-B w likwidacji. Po 25 latach likwidacji Art-B spłaciło do BHK ponad miliard złotych. Saldo rozliczeń pomiędzy Art-B a BHK w dniu zawarcia umowy wynosiło 400 milionów złotych. Pozostaje nadpłata 600 milionów złotych. Przez 25 lat BHK ani razu nie zgłosił jakichkolwiek roszczeń z tytułu poniesionych strat. Jak również NBP, który sprawuje nadzór komisaryczny nad likwidacją BHK.

Jak działał oscylator

Wasze problemy spowodował słynny oscylator. Co to jest i jak działa?

Oscylator generalnie rzecz biorąc, jest pojęciem z fizyki jądrowej, polega to na tym, że pewien kwant energii oscyluje między dwoma stanami energetycznymi. W kontekście operacji finansowej wprowadzonej przez Bogusia jest to kryptonim nadany przeze mnie. Chodzi o to, że jedna i ta sama kwota pieniędzy obraca się między jakimiś dwoma elementami w podmiotach systemu bankowego, aby wytworzyć przyrost kapitału w istniejącym systemie finansowym. Na łamach „Gazety Bankowej" 30 czerwca 1991 roku prowokacyjnie i drobiazgowo objaśniłem dziennikarzom zasady działania oscylatora, który nazywałem „arbitrażem finansowym". Oscylator Art-B był znany Kancelarii Prezydenta RP, premierowi, NBP, Ministerstwu Finansów, urzędowi skarbowemu, Najwyższej Izbie Kontroli, wszystkim bankom. Jak wynika z danych Ministerstwa Finansów, w tamtym czasie ponad 15 tysięcy podmiotów gospodarczych lub osób fizycznych płaciło podatek dochodowy do urzędu skarbowego od zysku z oscylatora. Art-B zapłaciło z tego tytułu podatek w wysokości 7 milionów złotych. Później likwidator Art-B bezskutecznie procesował się z urzędem skarbowym o zwrot tej kwoty. Skarb Państwa stwierdził, że transakcja była legalna, więc podatki zostały pobrane prawidłowo. Podatek był zaksięgowany w Art-B. W owym czasie aż 14 kontrolerów, którzy przychodzili z różnych instytucji, od NIK poczynając, na izbach skarbowych kończąc, nie znalazło żadnych nieprawidłowości w finansowej działalności Art-B. Oscylator był zgodny z obowiązującym prawem. Nikt nigdy nie wydał przepisów, które ograniczałyby działania oscylatora. Nie ma ani jednego kraju na świecie, włączając w to Polskę, gdzie operacja oscylatora byłaby określona jako sprzeczna z prawem. Cała ta afera wokół oscylatora jest to wytwór socjotechniki konsekwentnie i precyzyjnie realizowanej na potrzeby osób decyzyjnych.

Dlaczego sięgnęliście po oscylator?

Musieliśmy tę operację wprowadzić w życie z powodu zatorów płatniczych. W tamtym czasie 40 procent miesięcznego oprocentowania na walucie krajowej powodowało paraliż rozliczeniowy. Banki twierdziły, że to konieczne z obiektywnych przyczyn. Dyliżansem można było te czeki dowieźć szybciej, niż bank był gotów do wypłaty. Trzeba było czekać przynajmniej miesiąc na realizację czeku. To powodowało ogromne zatory. Banki, zamiast od razu realizować wypłatę gotówki, przekazywały ją „piętro wyżej” – na wyżej oprocentowane konta w centrali, a centrale na jeszcze wyższe piętra piramidy usług finansowych. Miesiąc przetrzymania środków dawał bankom kolosalne korzyści. W związku z tym należało stworzyć jakiś mechanizm, który by udrożnił płynność, no i tym mechanizmem był właśnie oscylator. Korzystnym aspektem wybuchu „afery" Art-B wokół oscylatora była natychmiastowa zmiana procedur bankowych.

Powie mi pan wreszcie, jak działał?

W przypadku operacji zastosowanej przez Art-B było to 70 banków, w których Art-B miało swoje konta w sytuacji, gdzie oprocentowanie depozytów dochodziło do 40 procent w skali miesiąca. Kiedy do banku pierwszego została wprowadzona gotówka z Art-B, w tym banku można było na drugi dzień po zaksięgowaniu tej gotówki na naszym koncie wziąć czek bankowy mający pokrycie w gotówce i zdeponować go, gdziekolwiek byśmy chcieli, załóżmy, że w banku numer dwa. Tam nasz czek księgowano jako gotówkę, nie czekając, aż z banku pierwszego ta gotówka przyjdzie. Czek ma wartość gotówki, bo jest zabezpieczony pieniądzem i w związku z tym w trzecim dniu mamy prawo wziąć z banku numer dwa czek gotówkowy potwierdzony i zdeponować w banku numer trzy.

I wszystkie te banki musiały płacić odsetki za zdeponowane te same czeki?

Czek nie może być „ten sam". Media wykreowały błędne pojęcia: „podwójnie oprocentowane czeki" lub – jeszcze gorzej – „podwójnie oprocentowane depozyty". Oscylator nie jest operacją wielokrotnego oprocentowania czeków, gdyż czeki są formą transferu płatności, a oprocentowane mogą być tylko depozyty. Oscylator nie jest operacją wielokrotnego oprocentowania depozytów, gdyż depozyt może być oprocentowany w danym banku tylko jeden raz. Bank płaci odsetki od zdeponowanego kapitału, jaki został zaksięgowany po złożeniu czeku. Od tego momentu czek przestaje mieć wartość operacyjną, posiada jedynie wartość rozliczeniową. W początkowej wersji tak to rzeczywiście było, że te należne nam procenty naliczano. Po miesiącu trwania operacji z własnej woli zawarliśmy z bankami umowę, że nie płacą nam odsetek.

Więc na czym polegała korzyść, skoro zrezygnowaliście z odsetek?

Na tym, że mieliśmy natychmiastowy dostęp do płynnego kapitału.

Jak rozumiem, dostęp w postaci czeków, bo bank dopiero po miesiącu mógł wysłać gotówkę.

Tak, ale jeżeli ja dawałem komuś w rozliczeniu czek gwarantowany, to jest to równowartość gotówki, i to w tym momencie, kiedy to komuś daję, a to, że ktoś będzie czekał tydzień, dwa czy miesiąc, to już nie ma żadnego znaczenia, bo dostał ode mnie dokument potwierdzający płatność, który stanowi rozliczenie transakcji.

Jednak według prokuratury to było wyłudzenie.

Która wersja? Pierwsza czy ostatnia?

Pierwsza.

Przez 23 lata pozostawałem pod zarzutem zagarnięcia mienia społecznego wielkiej wartości w wysokości 400 milionów złotych na szkodę „polskiego systemu bankowego" w oparciu o działania publicystycznie nazywane „oscylatorem" oraz kreowanie „pustego pieniądza". Po 23 latach sąd uznał, że nie można zagarnąć mienia społecznego czy narazić na stratę system bankowy, gdyż nie ma takiego podmiotu prawnego w polskim ustawodawstwie. Dlatego też oscylator nie mógł być przekrętem, za pomocą którego Art-B rzekomo wyprowadziło 400 milionów złotych. Według opinii biegłych oscylator był korzystny dla spółki i systemu bankowego. Bowiem banki na nim zarobiły, i to niemało. Biegli wyliczyli, że na odsetkach z oscylatora Art-B zarobiła brutto 15,8 miliona złotych. Po zapłaceniu podatków 7 milionów złotych do Skarbu Państwa wyszło około 8,9 miliona złotych zysku netto. Banki zaś nie tylko otrzymały dodatkowo od Art-B około 10 milionów złotych karnych odsetek za debety i 3,5 miliona złotych prowizji, to jeszcze zyskały od NBP 13,7 miliona złotych na czysto. Tajemnica polegała na tym, że w okresie tzw. dni pocztowych, czyli wtedy, kiedy pieniądze były w drodze między jednym bankiem a drugim, NBP udzielał bezzwrotnego, nieoprocentowanego kredytu „technicznego" bankowi, który miał odebrać czek. Ten kranik z pieniędzmi bankowcy wypatrzyli znacznie wcześniej, niż Art-B zastosowało oscylator. Kiedy przychodziły kłopoty finansowe, np. koniec roku, i Ministerstwo Finansów via NBP domagało się od państwowych banków pieniędzy, te przesyłały sobie nawzajem środki. Efekt był taki, że zarabiały na odsetkach, a ministerialnym urzędnikom pokazywały pustą kasę. Oscylator nie mógł spowodować więc „reakcji pustego pieniądza". Zresztą, to nie jest pojęcie bankowe czy stricte prawne. Jest to pojęcie stworzone przez prokuratora na użytek procesu.

Ostatnia wersja, czyli umorzenie?

Umorzenie było rezultatem stwierdzenia, że pierwotna wersja prokuratury nie jest zgodna z obowiązującym systemem prawnym. Prokuratura Okręgowa w Warszawie ostatecznie uznała tej treści zarzut za pozbawiony podstaw prawnych i po zmianie kwalifikacji prawomocnym postanowieniem z 7 lutego 2014 roku w sprawie sygnatury akt VI Ds. 48/14 śledztwo zostało umorzone.

Operacja „Most”

O co chodziło w operacji „Most”?

O bezpieczny transport kilkuset tysięcy Żydów z terenów ZSRR do Izraela.

Jak to się stało, że właśnie pana, Bagsika i Art-B wybrano do udziału w tej operacji?

Dostrzeżono nasze możliwości.

I to wystarczyło?

W zupełności.

Inaczej spytam: kiedy po raz pierwszy pojechaliście, pan i Bagsik, do Izraela?

Na początku roku 1990.

W celu handlowym?

Turystycznym, z ciekawości. Jesteśmy głęboko wierzącymi w Boga ludźmi. Czytając codziennie Biblię, czyta się historię starożytnego Izraela. Wyjazd do współczesnego Izraela to było zawsze niespełnione wcześniej marzenie. Akurat trochę się otworzył Izrael na świat i Polska się otworzyła. Taki był wówczas kontekst. Jak się żyło w komunie i nie można było nigdzie wyjechać, a tu raptem można było wyjechać gdziekolwiek, no to się jechało. My do Izraela, bo można sobie było po prostu pojechać. Bagsik pojechał, bo był zakochany w Izraelu. Jak się jedzie do Izraela, to się spotyka towarzysko ludzi, a później się okazuje, że czasami ci ludzie są ważni.

I naprawdę pojechaliście do Ziemi Świętej bez żadnego planu biznesowego?

Bez. Weźmy jednak pod uwagę fakt, że koniec roku 1990 firma Art-B zamknęła bilansem kilku milionów dolarów zysku. Miała już swoje struktury, wypracowany rynek, była wstrzelona w działalność. Wszystko, czego można było w tym czasie dotknąć, przynosiło szybki stuprocentowy zysk. Więc nawet jak się jedzie gdzieś turystycznie, to przy okazji zawsze się myśli o biznesie. Poznajemy nowy kraj, poznajemy zabytki i cudowne miejsca, ale przy okazji poznajemy też ludzi.

Tylko przy okazji?

Oczywiście, że przy okazji. To była po prostu przejażdżka, żeby zobaczyć kraj, w którym nigdy nie byliśmy i który jest bardzo intrygującym krajem.

I w tym Izraelu właśnie was wybrano do operacji „Most"? Nagle i niespodziewanie to wy macie być ogniwem w łańcuchu wyciągania Żydów ze Związku Radzieckiego.

Chyba na odwrót. To myśmy dokonali wyboru zaistnienia w tej fascynującej przygodzie. Do operacji zostaliśmy oddelegowani przez polską stronę. Popatrzmy na to z wcześniejszej perspektywy, musimy się cofnąć w czasie. Jest rok 1985, środek komuny, ale komunizm się sypie. Analitycy ekonomiczni z GRU określają, że system idzie na ścianę. Obsługa polskiego długu zagranicznego w tym czasie już sięgnęła 48 procent dochodu narodowego. Tyle trzeba było co roku płacić na same odsetki za zadłużenie wobec Klubu Paryskiego, czyli kilkunastu państw, które pożyczyły wcześniej Polsce pieniądze, a teraz domagały się zwrotu.

Ciekawy wykład, ale co to ma wspólnego z waszą podróżą do Izraela w 1990 roku?

Kontekst. Polska była odizolowana od świata ekonomicznym embargiem. W 1985 roku na posiedzeniu Klubu Paryskiego, w którym brał też udział Edgar Bronfman, szef Światowego Kongresu Żydów, zjawiają się niespodziewanie Wojciech Jaruzelski i Czesław Kiszczak. To lekka sensacja, bo z polskimi przywódcami z powodu stanu wojennego świat zachodni nie chciał wtedy rozmawiać. Jednym z głównych tematów rozmów był wkład Polski w operację „Most". Powstał układ „coś za coś", czyli banki i lobby żydowskie są gotowe zrestrukturyzować system spłaty polskiego zadłużenia, ale w zamian za przychylność w realizacji operacji, a amerykańskie lobby protestanckie wpłynie na prezydenta Reagana na redukcję embarga ekonomicznego wobec Polski.

A Sowieci godzili się na wyjazd swoich obywateli pochodzenia żydowskiego?

Jeszcze nie. W tym czasie wszyscy Żydzi ze Związku Radzieckiego, którzy próbowali pomyśleć o emigracji, byli traktowani jako politycznie podejrzani. Wsadzano ich do więzień, mówiono na nich „refusniki", od słowa *refuse*, czyli odrzuceni. Naciskały na ZSRR Stany Zjednoczone – dla prezydenta Reagana kwestia wypuszczenia Żydów stanowiła pierwszy argument w negocjacjach na temat zelżenia zachodnich sankcji wobec obozu socjalistycznego. Reagana inspirowało nie tylko lobby żydowskie w USA, ale głównie protestanckie. Protestanci już wówczas od 20 lat prowadzili intensywną działalność polityczną na rzecz wypuszczenia Żydów z ZSRR. Hasłem był cytat z Księgi Mojżesza, który po angielsku brzmiał: „Let my people go", czyli „wypuść naród mój". Tak się złożyło, że w tym czasie była klęska nieurodzaju w Rosji, co doprowadziło do tego, że musiano zakupywać bardzo dużą ilość zboża z Kanady i ze Stanów, czyli zwiększyć zadłużenie. Zachód uznał, że to dobry moment, żeby przystąpić do rozmów z sowieckimi władzami na temat exodusu radzieckich Żydów. Do rozmów włączył się w imieniu Światowego Kongresu Żydów Bronfman, ale protestanckie lobby pracowało już nad tym od 20 lat. Ta sprawa była mi bliska, bo proszę nie zapomnieć, że byłem w mojej rodzinie już trzecią generacją protestantów.

Dlaczego akurat protestanci byli w to tak zaangażowani?

Bo częścią wizji ewangelicznych chrześcijan opartej na wierze w nieomylność Biblii jest to, że wreszcie Żydzi muszą wrócić z tej Rosji do Izraela. To spełnienie proroctw Izajasza, że zostanie sprowadzony lud Izraela z północy, z południa, z zachodu i ze wschodu. „I podniesie znak dla pogan i zgromadzi wygnańców Izraela; pozbiera rozproszonych z Judy z czterech stron świata" (Księga Izajasza 11, 11-12). Większość tych, którzy chodzili do kościoła, wierzyli w to i inne proroctwa, że powstanie państwo Izrael, że przyjdzie Mesjasz. Powstało państwo Izrael, przejęło Jerozolimę, powrócili Żydzi do Izraela z zachodu, z północy, południa, no i pozostało już tylko, że Żydzi muszą wrócić ze wschodu, z ZSRR. Właśnie ta wizja była maszyną napędową ideologii protestantów ze Stanów, którzy chodząc do kościoła, kształcili dzieci w tym duchu. Dzieci szły do armii zgodnie ze swoim przekonaniem, najlepiej do służb specjalnych i najchętniej służyłyby we wschodniej Europie, chciały wpływać intelektualnie na innych, szmuglować Biblię do Związku Radzieckiego i robić nacisk ideologiczny głównie na powrót Żydów do Izraela.

Jak przekonano Rosjan?

W tamtym czasie władzom ZSRR było obojętne, który kraj będzie tranzytem. Polska początkowo nie była brana przez Izrael pod uwagę jako kraj tranzytowy, bo uważano ją w tym czasie za zaplecze terrorystów z Bliskiego Wschodu. Wytypowano Bukareszt i Budapeszt, ale Węgrzy po jakimś czasie nie zgodzili się. W 1985 roku Jaruzelski sam zaproponował Polskę. Argumentował, że chce w ten sposób zmyć też zły image Polski, który się wytworzył po wypędzeniu kilkunastu tysięcy Żydów w 1968 roku. Koncepcja była taka, że w zamian będzie redukcja polskiego zadłużenia o połowę. Że będzie szansa na zniesienie ekonomicznego embarga. To był rok 1985, a już za chwilę w ZSRR zaczęła się pierestrojka, w Polsce ruszyły obrady Okrągłego Stołu i oficjalnie skończył się komunizm.

Czyli według pana to Amerykanie spowodowali, że w Polsce udzielono koncesji komunistom na trwanie przy władzy w okresie transformacji.

Wiem, że się zgodzili z taką opcją. To było zgodne z ich doktryną polityczną w tamtym okresie. Wracając do „Mostu", później, jak już wiemy, pojechał do USA premier Tadeusz Mazowiecki i powiedział, że Polska dotrzyma zobowiązań. Ale jak to zorganizować, nie wiedziano, bo nie było ani struktur, ani specjalnych oddziałów. W ciągu miesiąca trzeba było zrobić jakąś strukturę, która by pomogła obsłużyć ten projekt. Doktryna służb izraelskich jest następująca: to nie muszą być siły bardzo liczne, ale bardzo skuteczne, czyli tzw. specjalsi. Cała doktryna wojenna Izraela na tym bazuje. Popatrzmy na ówczesną Polskę, kim rząd Mazowieckiego miał stworzyć zaplecze do ochrony operacji?

Ale dlaczego biznesmenami? To służby mają robić.

Tak, wie pan, tylko odpowiednich służb w tym czasie nie było. Polski z Izraelem nie łączyły żadne stosunki – ani dyplomatyczne, ani praktyczne. Dlatego też MON poprzez MSW oddelegowało do pracy w Art-B generała Edwina Rozłubirskiego. Był u nas zatrudniony.

Słynny spadochroniarz.

Nie tylko. Słynny przyjaciel Marka Edelmana.

I Władysława Gomułki.

Być może. Natomiast był przyjacielem generała Romana Jagiela – w tamtym czasie izraelskiego szefa Interpolu. On to powoduje, że jesteśmy firmą, która wpada w oko Izraelczykom.

A nie Artur Birman z Mosadu? Niektórzy twierdzą, że to on wymyślił oscylator, a Art-B to jego inicjały. Teoria spiskowa?

Kompletna bzdura.

Nadal nie jest dla mnie jasne, dlaczego akurat was wybrał Artur Birman.

Ciągnie pan tę teorię spiskową? On był nikim. I nikogo nie wybierał. To był starszy człowiek

– zwykły akwizytor towaru produkowanego przez niewielki kibuc Nir Lat na pustyni Negew.

Pytam wyłącznie z ciekawości.
Chcę dobrze zrozumieć.

No dobrze, idźmy dalej. Działamy, mamy już to swoje imperium, na początku lat 90. to już sobie latamy helikopterami, mamy 300 samochodów, 250 osób pracuje w Warszawie.

Obawiam się, że w czasie, kiedy pada propozycja, wy tego wszystkiego jeszcze nie macie.

Już mamy. Ja mówię o faktach, a pan może sobie teorie budować, jakie chce. Więc jest rok 1990. Dostajemy koncesję MON numer 001 na obrót bronią. Handlujemy z Izraelem. Cały sztab generalny swoim samolotem przewozimy na pierwsze rozmowy ze sztabem Izraela. No to ja mam pytanie do pana, dlaczego polski sztab generalny nas wybrał? To się od tego zaczęło.

A jaką ma pan odpowiedź na to pytanie?

Na jakie pytanie?

Dlaczego akurat wy, dlaczego dostajecie koncesję 001 na handel bronią?

A co w tym jest takiego dziwnego?

No dobrze, ale jest jeszcze trzecia teoria.

Jaka?

Że was wymyśliły i wykreowały polskie służby.

Jakby nas polskie służby wykreowały, toby nas potem nie zlikwidowały. Niesamowicie oryginalna teoria. Kolejny produkt skutecznej socjotechniki.

Miejmy już te służbowe kreacje za sobą, wróćmy do operacji „Most".

Operacja „Most" – czy z Art-B, czy bez Art-B – jest po prostu realizowana. Zaangażowane są MI6, CIA, FBI, służby z Izraela, służby z Rosji, Niemiec i innych państw. Napięcie jest duże, bo nikt nie wie, czym to się skończy. W Polsce trwają przygotowania do powołania specjalnej jednostki GROM. Koncepcja jest taka, żeby wziąć tam najlepszych chłopaków i wyszkolić. Dać im fajne uzbrojenie – i tu się zaczyna nasza rola. Poproszono nas, byśmy przywieźli sprzęt dla tych chłopaków z Izraela. W tym czasie w Polsce dostępny był tylko sprzęt poradziecki, a tu chodziło o nowoczesne uzbrojenie.

Ale jak to przewieźć? Za własne pieniądze?

To jest już tajemnica służbowa. Realizowaliśmy płatność za sprzęt na potrzeby działalności RP. Na zlecenie MON. To nie była darowizna. To była transakcja handlowa. Później potrzebowali samochodów, to ściągnęliśmy jeepy, niby na test, z Korei, żeby sobie nimi pojeździli. I wreszcie 17 czerwca 1990 roku pierwszy samolot z radzieckimi Żydami startuje z Okęcia. Właśnie obchodzimy 25-lecie tego wydarzenia.

Miał pan wówczas świadomość znaczenia tej akcji?

Co to była operacja „Most", jaki miała zakres i w ogóle, o co w niej chodziło, to się dopiero wszyscy dowiedzieliśmy po długim czasie. Wtedy wiedzieliśmy, że chodziło o zabezpieczenie jakiegoś tranzytu Żydów, którzy będą wyjeżdżać, nie wiadomo dlaczego autobusami, z granicy do lotniska Okęcie. I to wszystko.

Zaangażowaliście pieniądze w coś zupełnie nieznanego?

W „coś zupełnie nieznanego"? Doskonale wiedzieliśmy, w co inwestujemy. To była zwykła inwestycja w transakcję z państwem polskim. Mieliśmy w tym czasie narastające poczucie zagrożenia, bo tzw. studenci arabscy dostali dyrektywę, że wszystkie firmy czy biznesmeni, którzy zaczynaliby robić interesy z Izraelem, muszą być przykładowo ukarani. Dostaliśmy bardzo ostry sygnał, że coś takiego się szykuje. To było bardzo realne zagrożenie w tym czasie.

Nadal zastanawiam się, dlaczego to akurat Art-B wybrano do zakupu broni i samochodów dla specjalsów. Byliście prężną, rozwijającą się, ale jeszcze na świecie mało znaną firmą.

Mało znaną? Ma pan na myśli chyba polski światek medialny. Znano nas już w biurze prezydenta, w MON, MSW, Sejmie, w ministerstwach – finansów, przemysłu i handlu, rolnictwa, edukacji, sportu, w Białym Domu, na Kremlu, w Knesecie, w CIA, FBI, MI6. Ja i Bogusław Bagsik byliśmy członkami pierwszej w Polsce Gildii Biznesmenów razem z 20 najbogatszymi i najbardziej wpływowymi polskimi biznesmenami. Codziennie o 19.30 przez pół roku przed „Dziennikiem Telewizyjnym" leciał nasz spot i przez 30 sekund widzowie słyszeli hasło: „Art-B or not to be". Tak sobie to leciało i ludzie się zastanawiali, co to jest za firma i co to za reklama. Raz, że po angielsku, a drugie, że nie wiadomo, o co chodzi. Rozkręcaliśmy wtedy ten import telewizorów z Korei, a to było potężne uderzenie rynkowe. W Izraelu też ostro weszliśmy w rynek. Byliśmy pierwszymi z Polski, którzy mieli pieniądze, latali samolotem, byli bardzo ekstrawaganccy. Może nawet za bardzo, ale dzięki temu rzucaliśmy się wszędzie w oczy, w każdą stronę i przy każdym temacie. A ponieważ mieliśmy potężny sztab doradców, których zatrudnialiśmy w kraju, przejmowaliśmy jak kombajn zbożowy bez żadnego oporu kolejne połacie świata biznesu, często nie rozumiejąc tak naprawdę, co robimy. Więc chyba stwierdzenie, że byliśmy mało znaną firmą, jest tu nie na miejscu.

Z powodu ekstrawagancji was wybrano?

Ale nikt nas nie wybierał. Myśmy sobie sami wybrali ten temat. Usłyszeliśmy, że będzie tranzyt Żydów, bardzo nas to zaintrygowało, pomyśleliśmy, że nasza pomoc się przyda.

Jak się słyszy o tajnym temacie?

To nie jest tajny temat.

Wtedy nikt nie wiedział o operacji „Most".

Chyba ponownie ma pan na myśli przedstawicieli mediów. Tajnym tematem był sposób realizacji tranzytu, ale sama wiedza, że to będzie realizowane, nie była tajna. Wiedziano o tym w MSW, MON, wiedział cały resort służb wewnętrznych, LOT, PKO, wiedziały służby wywiadu świata arabskiego, ZSRR, izraelskie służby Nativ (biuro łącznikowe zajmujące się kontaktami z diasporą żydowską na Wschodzie) i Sochnut (organizacja syjonistyczna działająca na rzecz powrotu Żydów do Izraela). Przede wszystkim wiedziały miliony rosyjskich Żydów, że niebawem wyjadą. Wiedziały wszystkie ewangeliczne środowiska, które się modliły o udany exodus. Wiedziała cała Ameryka, cały chrześcijański świat. Popatrzmy na to realnie: jak już kilkaset tysięcy obywateli ZSRR dostało pozwolenie na wizy i trwały rozmowy o sposobach ich transportu, czy będą mieli podwójne paszporty, czy pojedyncze, czy po wyjeździe będą dostawać emerytury z ZSRR, czy z Izraela, to już nic nie jest tajne. Wszyscy wiedzą. Są emocje, są kolejki. Niech pan obejrzy filmy z 1989 roku pokazujące kolejki przed biurami emigracyjnymi w Moskwie czy Leningradzie.

Dlaczego jest potrzebna prywatna firma przy takiej operacji?

Ale to nie była firma prywatna. Przepraszam. To byli Bagsik i Gąsiorowski, którzy mieli prywatną firmę, ale mogli mieć drugą, mogli mieć trzecią, mieli jeszcze 600 innych firm. Firma Art-B zajmowała się produkcją telewizorów, przejmowaniem mleczarni, zakupem ziemi czy obrazów. A prywatne osoby – Bagsik i Gąsiorowski – mogły robić, co chciały, z kim chciały, gdzie chciały i przez kogo chciały. Służby zawsze proponują udział w swojej operacji ludziom, a nie firmom.

Służby przyszły i poprosiły: „Panie Gąsiorowski, panie Bagsik, jest do was sprawa, pomóżcie w wywozie Żydów"?

To Polska nas prosiła o pomoc. Nie Izrael. W 1990 roku był pierwszy nieoficjalny kontakt brytyjskich służb MI6 z polskimi służbami. Udrożniono kanał na kontakt ze służbami Izraela. Wtedy strona polska oddelegowała nas do tej misji. Później dopiero był pierwszy w historii oficjalny kontakt służb amerykańskich z polskimi. To Polska zaproponowała Izraelowi tranzyt Żydów, nie na odwrót. Były problemy logistyczne w kraju, bo nie było kasy na wyposażenie specjalsów. Nikt się tym nie interesował. I prosta sprawa. Wie o tym Bagsik, mówi: „No to, kochani, w czym problem, co chcecie, samochody? To dobrze, pomyślimy, jak to zrobić". Oni mówią: „Szefie, broń by się przydała". My ich zatrudniamy też do własnej obrony. Kupujemy im nowoczesne uzbrojenie, bo mamy koncesję na handel bronią. Byliśmy bardzo atrakcyjnym partnerem dla polskich służb i dla izraelskich, bo byliśmy wiarygodni. Młodzi, niezależni, z dobrymi wejściami na wszystkie poziomy.

Ile was kosztowały te zakupy dla specjalsów?

To tajemnica handlowa.

Czyją własnością były na przykład jeepy?

Naszą własnością, potem przekazaliśmy je Ministerstwu Obrony Narodowej albo Straży Granicznej, już dobrze nie pamiętam. Tak samo z bronią – została przekazana specjalsom. Przypominam, że w tym czasie pensja komandosa to góra 30 dolarów na miesiąc. Ciężko było mieć motywację, będąc komandosem za takie pieniądze i nie mając odpowiedniego wyposażenia.

Mogliście sobie na własność kupić wielu komandosów.

Zła semantyka. Zatrudnialiśmy ich jako naszą prywatną ochronę. Powierzyliśmy im nasze życie.

Jerzego Dziewulskiego też zatrudnialiście?

Jurek był oddelegowany do nas przez swoich zwierzchników, podobnie generał Rozłubirski. Jerzy Dziewulski był u nas zatrudniony jako szef biura bezpieczeństwa. Był współodpowiedzialny za operację „Most". Właściwie za wszystko, co działo się na lotnisku Okęcie.

Czy byliście informowani o zagrożeniach?

Tak. Jak się pracuje z komandosami, którzy są na pierwszej linii frontu i dwie próby zamachów zlikwidowali, no to wiedzieliśmy, że to po prostu jest tygiel.

Był strach?

Było dużo adrenaliny. Jak się jest młodym, to się myśli, że się jest nieśmiertelnym i nic człowiekowi nie zagraża. W 1991 roku były ostrzeżenia, że być może będziemy celem i że najlepiej by było ewakuować rodziny.

Czyim celem?

Terrorystów z Libii.

Byliście elementem bardzo ważnego zdarzenia w historii Europy, a nawet świata w tamtym czasie. Ma pan taką świadomość?

Tak.

Czy ktokolwiek was uhonorował z tego powodu, podziękował?

Podziękowaniem jest fakt istnienia współczesnego Izraela w formie, jaką przybrał po zaabsorbowaniu Żydów z byłego ZSRR. Zaszczyt uczestniczenia w operacji, która jest przepowiedziana w Biblii przed prawie trzema tysiącami lat, jest dla mnie najwyższym zaszczytem i uhonorowaniem. I tego mi już nikt nigdy nie odbierze.

Czy te kilka milionów dolarów, które włożyliście w operację „Most", zostało odjęte od waszych zobowiązań, których zwrotu domagało się polskie państwo?

Nie. Zostały nam dopisane do długu. Całość naszej działalności została potraktowana jako ukradzione przez nas pieniądze, od których odsetki trzeba do dzisiaj spłacać.

Jak kupiliśmy największą firmę paliwową w Izraelu

Odseparował się pan od świata w Izraelu, dokąd – jak pan mówi – nie uciekliście z Polski, ale po prostu wyjechaliście. Jaką trasą?

Myśmy sobie wyjechali najpierw do Hanoweru. Tam zawarliśmy ugodę z Bankiem Handlowo-Kredytowym, czyli umowę hanowerską, bo taka nazwa weszła w obieg.

Ugoda na jaki temat?

Przekazaliśmy im spółkę Art-B jako ekwiwalent za ewentualne roszczenia. W Hanowerze dowiedzieliśmy się, że służby specjalne weszły do naszych rezydencji. 6 sierpnia wyjechaliśmy do Izraela i miesiąc później wysłaliśmy rodziny do Houston, żeby dzieci zaczęły od września chodzić do szkoły w USA. Miałem nadzieję, że zakończę ten kryzys w jakiś krótki, normalny sposób i dojadę, ale nigdy już nie dojechałem.

Zakończyć kryzys, czyli wyjaśnić sytuację w Polsce?

Tak. Ale w trzy miesiące po przyjeździe do Izraela wysłano za mną list gończy, zamknęły się granice, no i utknąłem w Izraelu.

Pan tu, żona i dzieci w USA. Dlaczego pojechali do Houston?

Mieliśmy dom w Houston, w przepięknej dzielnicy. Bywaliśmy tam wcześniej, znałem to miasto i dobrze się tam czułem. Na mojej ulicy miał swój rodzinny dom George Bush senior, w czasie gdy był prezydentem USA. Pamiętam, że kiedy byłem w Houston, chodziliśmy do kościoła protestanckiego, największego w Stanach, 70 tysięcy ludzi pod jednym dachem. Wtedy kupili arenę Rockets w Houston i zrobili z tego kościół. Nazywał się Lakewood Church i John Osteen – pastor tego kościoła – był naszym wieloletnim przyjacielem, i on jeszcze przed upadkiem komunizmu zapraszał mnie do Stanów na międzynarodowe kongresy. Jego syn Justin był rezydentem CIA w Polsce. Tak że takie fajne kontakty mieliśmy i w fajnej społeczności, do której należeli gubernatorzy, politycy, bankierzy i inni najbardziej wpływowi członkowie establishmentu USA. Ale późnym latem 1991 roku już byłem w złotej klatce w Izraelu i nie mogłem towarzyszyć mojej rodzinie w Houston.

Ale żona dotarła w końcu do Izraela?

Po dwóch latach pobytu w Stanach żona doszła do wniosku, że to nie ma sensu. Sprzedaliśmy dom w Stanach, wzięła dzieci i przyjechała do mnie, do Izraela.

Do pana, czyli gdzie?

Jak byłem tam sam, mieszkałem w apartamencie w hotelu, a później, jak przyjechała rodzina, przenieśliśmy się do dużego domu.

W Tel Awiwie?

Nie, w miejscowości o trudnej nazwie Kefar Szemarjahu.

A Bagsik?

Bagsik miał swój dom, który kupił wcześniej w sąsiedniej Herclijji.

Skąd środki na życie w Izraelu? To nie jest tani kraj. Może pieniądze pochodziły z tych walizek, w których podobno wywoziliście je z Polski?

Nie. Jak prowadziliśmy działalność w Art-B, mieliśmy 22 miliardy dolarów obrotu. Kapitał krążył, jego część była na peryferiach, w postaci towaru, w postaci transakcji i zaległych płatności. W pierwszym okresie po prostu przekierowywano zaległe płatności na nas w Izraelu. Poza tym mieliśmy w tamtym czasie biura i firmy w Izraelu oraz kilkaset firm rozsianych po całym świecie.

W jaki sposób nabyliście PAZ, największą izraelską firmę paliwową?

To firma, która posiadała 417 stacji benzynowych, 95 procent dostaw na paliwo lotnicze na lotnisku Ben Gurion, zapewniała 43 procent zaopatrzenia wojska izraelskiego w paliwo, miała część głównej rafinerii i część rurociągu. Miała też własne tankowce. A do tego firmy ubezpieczeniowe oraz 47 firm produkujących wyroby ropopochodne. Firma w przeszłości wchodziła w skład znanego koncernu holenderskiego Shell Oil, potem ją znacjonalizowano, a potem ponownie sprywatyzowano i nam odsprzedano 50 procent akcji za 85 milionów dolarów.

Przecież to firma strategiczna dla tego kraju.

W Izraelu wszystko jest i nie jest strategiczne. W tamtym czasie trzeba było mieć tylko certyfikat koszerności, czyli że się nie jest wrogiem Izraela. Czasy były tak liberalne, że to, czy się urodził człowiek w Izraelu, czy nie, nie miało znaczenia. Właścicielem PAZ-u był obywatel Australii – Żyd z Polski.

W tym przypadku podobno pieniądze przywieźliście w workach. Też nieprawda?

Tym razem prawda. To były worki przeznaczone do transportu gotówki. Część środków została przelana już wcześniej. Pochodziły z niedokonanej transakcji zakupu ropy nigeryjskiej. Płatność pozostałej transzy wypadła na okres, kiedy trwała wojna w Kuwejcie i Irak zaczął ostrzeliwać Izrael rakietami. Wszyscy się spodziewali, że to będzie koniec świata, w związku z tym żaden bank nie chciał dokonać transferu środków. Zbliżał się termin płatności, więc należało przysłać gotówką pieniądze wyciągnięte z Narodowego Banku Polskiego. Żadna linia lotnicza nie zgodziła się jednak przewieźć tych pieniędzy ze względu na kolosalne ubezpieczenia. W związku z tym został zakupiony samolot odrzutowy i nim pieniądze dotarły do Izraela. Były transportowane w workach bankowych, zaplombowanych w NBP.

Odprawiono je w Polsce?

Oczywiście. W tamtym czasie wywiezienie 10 czy 20 milionów nie było żadnym problemem, bo takich rzeczy się dokonywało normalnie, wystarczyło zaświadczenie z banku, że pieniądze wypłacono z konta. Gorzej w Izraelu, bo tutaj w banku wpadli w popłoch, jak zobaczyli worki z dolarami. Musieli się skontaktować z NBP, który dał im potwierdzenie, że rzeczywiście panowie tacy i tacy pobrali gotówkę, która należy do nich, i legalnie ją przewieźli. Dopiero wtedy można było pieniądze oficjalnie zdeponować w izraelskim banku, czyli wszystko odbyło się zgodnie z procedurami i nie było żadnych sensacyjnych elementów, oprócz może ekstrawaganckiego sposobu przewiezienia takiej ilości środków z jednego kraju do drugiego.

Co się stało z waszymi udziałami w PAZ?

Jak zaczęły się nasze problemy w Polsce, to oczywiście nasi partnerzy w Izraelu – rodzina Liebermanów – wykorzystali to natychmiastowo. Wysłali po cichu adwokata Elyahu Mirona do Warszawy. Przeprowadził on tajne rozmowy z wiceministrem finansów Stefanem Kawalcem, a następnie z pozostałymi członkami nieformalnego komitetu nadzorującego przebieg likwidacji Art-B – naczelnikiem wydziału śledczego UOP pułkownikiem Adamem Dębcem, przedstawicielem Ministerstwa Sprawiedliwości prokuratorem Radomskim, przedstawicielem NBP, likwidatorem BHK, likwidatorem Art-B oraz innymi. Z polecenia wiceministra finansów likwidator Art-B zatrudnił Mirona jako pełnomocnika Art-B, któremu zostało udzielone pełnomocnictwo procesowe w tej sprawie. Uzgodniono, że strona polska pomoże izraelskiemu adwokatowi odzyskać środki zainwestowane przez nas w PAZ. Podpisano umowę prowizyjną na 15 procent od wartości odzyskanych środków dla izraelskiego prawnika. Wtedy Miron przekazał stronie polskiej wszystkie tajne dokumenty z izraelskiej transakcji i rozpoczęła się w Izraelu batalia o udziały PAZ. Poprzez firmę Art-B Miron wszczął proces przeciwko nam o PAZ. Myśmy wygrywali wszystkie fazy. Później, po uprzednim uzgodnieniu treści, złożyliśmy pismo do prezydenta Lecha Wałęsy, żeby przekazać nasze akcje w polskie ręce, dzięki czemu ta firma spłacałaby nasze jakiekolwiek zobowiązania, gdyby takie były. Jednakże ta oferta została odrzucona przez Narodowy Bank Polski. Jego prezes stwierdził, że nie mogą przyjąć udziałów, bo rodzina Liebermanów, współwłaścicieli firmy PAZ, ustosunkowałaby się do tego negatywnie. Zalecono nam sprzedaż naszych udziałów – 50 procent firmy PAZ po zaniżonej cenie – za 85 milionów dolarów rodzinie Liebermanów. Od tej sumy adwokat Miron otrzymał obiecane 12,5 miliona dolarów. Rzeczywista wartość PAZ w tym czasie wynosiła prawie miliard dolarów. Dzisiaj firma jest warta 2 miliardy dolarów, a pozostałością po tamtej transakcji była sprawa zawarcia przeze mnie porozumienia z Art-B zaakceptowanego przez NBP i BHK, że ja im wskażę, gdzie są środki należące do Art-B, a oni na drodze prawnej będą próbowali je ściągnąć. Po odzyskaniu, zgodnie z umową, połowa należy do mnie. Po 18 latach batalii prawnej niedawno doszło do ugody właśnie w jednej z tych spraw przeciwko rodzinie Liebermanów, której udowodniłem, że w tejże transakcji oszukali stronę polską na 16,5 miliona dolarów. Ci Liebermanowie w ugodzie zobowiązali się do zapłacenia na rzecz Art-B sumy 65 milionów dolarów jako kompensatę dla strony polskiej. Te pieniądze są już w drodze do Polski.

Z tego ile dla pana?

50 procent minus koszty poniesione na prawnika. Aczkolwiek likwidator Art-B Jerzy Cyran sam zadecydował, jednostronnie, bez konsultacji z nami, że płaci prawnikowi 20 milionów dolarów, co jest po prostu absurdem, i tutaj weszliśmy na drogę prawną. Uprzednio wypłacił mu ponad 12,5 miliona dolarów. Z dokumentów wynika, że NBP zaakceptował zarówno tę, jak i poprzednią płatność.

Polskiemu prawnikowi?

Nie, izraelskiemu.

Ta wypłata dla prawnika uszczupla należną panu część odzyskanych środków?

Tak.

Sprawa trafi do sądu?

Złożyliśmy już do prokuratora zawiadomienie o popełnieniu przestępstwa. Honorarium 32,5 miliona dolarów, czyli 37 procent z 85 milionów dolarów transakcji zakupu PAZ, to chyba lekka przesada.

Jak przestałem tęsknić za Polską

Lądujecie z Bogusławem Bagsikiem w Izraelu i szybko okazuje się, że jesteście skazani na ten kraj, bo ojczyzna was ściga. Ma pan wtedy przekonanie, że Izrael was nie wyda?

Najpierw musiałoby dojść do procesu. Strona polska nigdy nie była w stanie przedstawić wiarygodnych dowodów procesowych na moją winę. Po dwóch latach moja matka tu przyjechała. Była chora nieuleczalnie, czekała na operację transplantacji serca i płuc. Nawet jakby do tego doszło, toby żyły nie wytrzymały, bo miała przewlekłą niewydolność serca. Przyjechała tutaj i zmarła, ale tuż przed śmiercią zostało jej przyznane obywatelstwo Izraela. Została pochowana na ziemi izraelskiej już jako obywatelka tego kraju.

A na jakiej podstawie dostaliście – i matka, i pan – to obywatelstwo Izraela?

Pochodzenie.

Czyli mama była pochodzenia żydowskiego?

Tak.

A Bagsik wcześniej miał już to obywatelstwo?

Tak.

Też z powodu pochodzenia?

Tak. To się nazywa prawo do powrotu. To jest skomplikowane tutaj w Izraelu, w każdym razie paradoks polegał na tym, że ze strony ojca miałem ultrakatolicką rodzinę, która potem się stała protestancka przez dziadka. Ze strony matki, po linii jej ojca – ultrakatolicką arystokratyczną rodzinę z Kresów, a moi dziadkowie, jak widać, mieli tendencje do związywania się z kobietami spoza kręgów katolickich.

Ale mama była też protestantką?

Tak. Wie pan – tu rasowe pochodzenie a wiara w Boga to są dwie różne rzeczy. Można mieć korzenie żydowskie, a być protestantem albo katolikiem, albo buddystą, albo po prostu wyznawcą judaizmu.

Ale pan pozostał protestantem i Bagsik też?

Ja wychowałem się w rodzinie protestanckiej. Tkwiłem w tym wyznaniu, ponosiłem konsekwencje, żyjąc w ultrakatolickiej Polsce. Bycie mniejszością wyznaniową nie jest bardzo łatwą sprawą. Więc jak przyjechałem do Izraela, to mogłem być sobie, kim chcę, bo ortodoksyjnego żyda nikt ze mnie nie może zrobić. Z drugiej strony jako protestant miałem genialne wyzwanie i z tego skorzystałem, by zbudować pomost pomiędzy żydami a protestantami. Byłem częścią takiego ruchu, który spowodował, że przez pięć lat Żydzi w Izraelu odkryli, że istnieje licząca 700 milionów ludzi społeczność w świecie, której duża część sympatyzuje z Izraelem i jest jedynym przyjacielem na tej ziemi. Wcześniej tego nie widzieli, traktowali protestantów generalnie jako klasycznie antysemicko nastawionych chrześcijan, że to są wrogowie Izraela, wrogowie Żydów, inkwizycja i wszystkie tam inne historie. Tak że stałem się aktywnym uczestnikiem inicjacji procesu odrodzenia świadomości i więzi protestancko-żydowskich.

Było co odbudowywać, bo przecież oni mieli pewnie poczucie, że protestanccy i katoliccy Niemcy zgotowali ich narodowi Holocaust.

Żydzi żyli w przeświadczeniu, że byli przez dwa tysiące lat tępieni przez chrześcijan. Nie interesowały ich niuanse, wiedza o różnicach między chrześcijańskimi denominacjami. Byłem w tej grupie aktywistów, którzy wywarli wpływ na szefów izraelskich mediów, którzy zaczęli opisywać nowe zjawiska nieznane wcześniej Izraelczykom. A kiedy ja wprowadziłem ten ruch pomocy protestanckiej dla osób z Holocaustu, to było bardzo na początku szokujące, potem mile widziane, a potem poszła taka fala oświecenia, dlaczego ci ludzie to robią, kim oni są, i bardzo szybko zrozumiano, że właśnie protestanci to taki archipelag różnych kongregacji, różnych wyznań pod jednym dachem, ale którzy mają w swoim programie po prostu wspieranie

Izraela i taką bezwarunkową sympatię do tego kraju i ludzi stąd pochodzących, wypełniając słowa z Biblii, takie jak: „Błogosławiącym tobie pobłogosławię, a przeklinającego ciebie przeklnę” (Pierwsza Księga Mojżeszowa 12, 3).

Życie przed Art-B

Uporządkujmy pana biografię, żeby wyjaśnić te wszystkie powiązania protestancko-żydowskie, które przewijają się od początku opowieści. Na świat zawitał pan w Wałbrzychu?

Nie, po drodze do Wałbrzycha. W Nysie.

Skąd ta droga wiodła?

Rodzice mojej mamy przeżyli wojnę na Wołyniu. Byli polskimi obszarnikami. Ród dziadka pochodził ze starej polskiej szlachty, która brała również udział w 1675 roku w obronie Trembowli po upadku Kamieńca Podolskiego, gdzie wraz z załogą 80 żołnierzy i 200 mieszczan obronili gród przed 10 tysiącami Turków. W 1939 roku dziadek był ułanem w armii polskiej. W 1941 większą część rodziny zesłano na Syberię, ale mamy i jej rodziców Sowieci nie zdążyli wywieźć, bo Niemcy weszli do ZSRR. Przeżyli wszystkie epizody rzezi wołyńskiej. Podczas wojny dziadek był polskim partyzantem. Po wojnie zostali przewiezieni na tzw. Ziemie Odzyskane, czyli na Dolny Śląsk. Tam mój dziadek dostał gospodarstwo rolne. Potem wyjechali do spalonego wojną Wrocławia. Jego dzieci nie mogły studiować w tych czasach ze względu na „pańskie" pochodzenie rodziców oraz jego antykomunistyczne nastawienie. On i cała jego rodzina byli gorliwymi katolikami. Babcia i cała jej rodzina – gorliwymi zielonoświątkowcami – zupełnie nowej denominacji w tamtych czasach.

A pana ojciec skąd wędrował?

Rodzina taty pochodziła z Kujaw, z okolic Włocławka. Tam od stuleci żył cały ród Gąsiorowskich – zapewne jeszcze od czasów bitwy pod Grunwaldem. Byli to bardzo radykalni katolicy. W okresie międzywojennym dziadek stał się komunistą. Najpierw służył jako szwoleżer w armii carskiej, potem, jak już Polska była Polską, to z powodu przekonań komunistycznych nie chciał iść na bolszewików. Miał nawet za tę odmowę wyrok śmierci. Nie wiem, dlaczego go nie rozstrzelali. On zawsze mówił, że tylko zdechłe ryby płyną z prądem, i całe życie płynął pod prąd. Potem wyjechał do Francji za pracą i pracował w kopalni węgla. I nagle przestał być komunistą, zmienił światopogląd i nawrócił się na religię chrześcijańską, bo wcześniej był ateistą, i stał się najpierw adwentystą, a potem zielonoświątkowcem. Wrócił do Polski już jako osoba głęboko wierząca, za co z kolei po wojnie przez komunistów bywał regularnie wsadzany do więzienia, bo zielonoświątkowcy byli wtedy podejrzewani o „ideologiczną działalność wywrotową na rzecz zachodniego imperializmu" i o wszystko, co najgorsze. Ale dziadek i tak głosił Ewangelię. Założył wiele zborów na Górnym Śląsku. Był pastorem przez ponad 40 lat.

Jak przetrwał wojnę?

Po powrocie z Francji zamieszkał w pobliżu Sosnowca i znalazł pracę jako górnik. Wybuchła wojna i Niemcy wywieźli go na roboty przymusowe do miasteczka Minden. Pracował w obozie pracy przy przeładunku rudy żelaza. Miał szczęście, bo właściciel tej fabryki polubił go i uratował mu w zasadzie życie. Dawał mu lżejszą pracę i wyższe racje żywności, ściągnął do Minden moją babcię. Przyjechała z dwójką dzieci, czyli także z moim tatą. Wyzwolili ich Amerykanie i zrobili tego niemieckiego właściciela burmistrzem Minden, bo, jak sądzę, musiał mieć na koncie więcej dobrych uczynków niż wyłącznie pomaganie mojemu dziadkowi. Taki lokalny Schindler. Rodzice opowiadali mi, że między dziadkami a tym Niemcem nawiązała się przyjaźń do tego stopnia, że jak się żegnali, bo dziadkowie zdecydowali się wracać do Polski, to chcieli adoptować całą moją rodzinę. Dziadek mógł tam zostać albo wyjechać dalej na zachód, ale był patriotą i mówił, że musi wracać do kraju. W Zagórzu pod Sosnowcem mieszkali z babcią do końca życia. Byli zgodnym małżeństwem. Dostali od prezydenta Kwaśniewskiego medal za 50-lecie pożycia małżeńskiego.

Pana ojciec pochodzi więc z Zagłębia?

Tam się wychował. Studiował na politechnice, został inżynierem ze specjalizacją: chemik przemysłu spożywczego. Po studiach oddelegowano go na Ziemie Odzyskane, żeby przywracał do życia poniemieckie browary. Po drodze poznał moją mamę, pobrali się. Urodziłem się w 1959 r. i wylądowaliśmy w Wałbrzychu. Przez pierwsze sześć lat mieszkaliśmy w służbówce przy browarze. Ojciec był głównym technologiem i zastępcą dyrektora w Wałbrzyskich Zakładach Piwowarskich, a potem wałbrzyskim szefem ówczesnej sieci handlowej Powszechnej Spółdzielni Spożywców „Społem".

Wczesne dzieciństwo w zapachu piwa?

Pamiętam ten zapach, podobno dobre piwo tam warzono. To był bardzo fajny okres w moim życiu, bo jako dziecko znałem technologię produkcji piwa. Wie pan, ja w tamtych czasach nic poza Wałbrzychem nie widziałem. To był mój cały świat. Z bliska człowiek nie dostrzega wielu rzeczy, nie pojmuje znaczeń. Po latach, już z Izraela, odkryłem inny Wałbrzych, którego wcześniej nie dostrzegałem.

Co pan odkrył?

Przedziwną historię Dolnego Śląska, kompleksu Riese – największego projektu górniczo-budowlanego hitlerowskich Niemiec rozpoczętego i niedokończonego w Górach Sowich oraz na zamku Książ i pod nim, historię pracy nazistów nad skonstruowaniem broni atomowej, losy osławionego „złotego pociągu", który spoczywa niecałe trzy kilometry od miejsca, gdzie mieszkałem, historię okolicznych miast i miasteczek, do których docierałem kiedyś jako lekarz z pogotowia ratunkowego czy w celach rekreacyjnych, jeżdżąc na nartach, ukryte historie z obozu koncentracyjnego Gross-Rosen z losem 10 tysięcy więźniów, głównie naukowców, których nagle „zdjęto" z ewidencji, kopalnie uranu, z którego Sowieci wytwarzali pierwsze bomby atomowe, i tragiczne losy 17 tysięcy więźniów – członków organizacji takich jak Wolność i Niezawisłość – niektórych pracujących jako górników leczyłem, gdy byłem lekarzem zakładowym w kopalniach, tunele pod miastem, fascynującą historię zamku Książ. Odkryłem, że Dolny Śląsk, a zwłaszcza Wałbrzych i okolica, to była największa koncentracja żydowskich przesiedleńców po wojnie. Istniała dyrektywa Stalina, żeby mniejszości narodowe w jakiś sposób tam grupować w różnych miejscach i wszyscy, którzy byli przesiedleni i mieli pochodzenie żydowskie, byli kierowani na Dolny Śląsk. Większość organizacji żydowskich, które później działały w Izraelu, miały swoje korzenie właśnie w tamtych stronach, o czym ja wcześniej nie miałem zielonego pojęcia. Jako dziecko nie wiedziałem, kto to jest Żyd, czym się różni od Polaka, bo po prostu tych tematów wtedy nie było. Później, jak się znalazłem w Izraelu, stwierdziłem, że różni wysocy urzędnicy w różnych organizacjach rządowych i pozarządowych mają korzenie z tamtych stron. Była to dla mnie miła niespodzianka, bo to były przecież moje strony.

W Izraelu pan, nazwijmy tak, przesiedleniec z Wałbrzycha, poznał innych przesiedleńców z tego regionu.

I to mi dało duży kapitał sympatii, którego się nie spodziewałem. Nie wiedziałem z początku, skąd to się bierze, ale po prostu zostałem potraktowany jako swój wśród obcych. A przyjechałem z Polski, gdzie potraktowano mnie odwrotnie – jako obcego wśród swoich.

W Wałbrzychu było więcej nieswoich. Osiedlano tam komunistów greckich i polskich repatriantów wracających z Francji i z Belgii, ale też osoby podejrzane politycznie.

Też. To było takie miejsce zrzutów wszystkich trudnych elementów, które ideologicznie byłyby trudne do opanowania w innych miejscach. Wałbrzych to było górnictwo oraz przemysł ciężki i musieli pracować ponad siły w przemyśle ciężkim. Władzy wydawało się, że tacy nie spiskują, bo są zatyrani. Ale nawet najcięższa robota nie pozbawiała ludzi możliwości niezależnego myślenia. Bunt nie wybuchał gwałtownie, ale tlił się nieustannie. W liceum założyliśmy kabaret znany z ostrej politycznej satyry – na wzór kabaretu Tey z Poznania. Prawie wszystkich nauczycieli z mojego liceum w pierwszym dniu stanu wojennego internowano za poglądy i działalność polityczną.

A pan już wtedy miał jakieś poglądy polityczne?

Departament IV MSW, utworzony w 1962 roku, zajmował się walką z wrogą „antypaństwową" działalnością Kościołów i związków wyznaniowych, ewidencjonowaniem i dokumentowaniem m.in. działalności kleru katolickiego i innych wyznań. Wyznania nierzymskokatolickie – centrale tych Kościołów i związki wyznaniowe – podlegały działaniom operacyjnym Wydziału III mającego na celu rozpoznanie ich orientacji i działań społeczno-politycznych. W latach 50. liderzy mojego Kościoła, w tym mój dziadek, byli wielokrotnie aresztowani za wiarę. Moi rodzice natomiast nigdy nie byli bezpośrednio prześladowani. To wszystko wtedy rzutowało na kształtowanie się moich poglądów politycznych. W szkole średniej byłem bardzo aktywnym członkiem protestanckich społeczności, czyli moje problemy były inne niż rówieśników. Protestanci byli wtedy grupą podejrzaną – jako mająca silne powiązania ze światem zachodnim, głównie z Ameryką i Niemcami. Później się dowiedziałem, że polskie władze wietrzyły zagrożenie ze strony protestantów, bo zakładały, że to jakaś tajna rezydentura CIA. No i tak przez przypadek znalazłem się w tyglu konfliktów ideologicznych, nie zdając sobie z tego sprawy. Bardziej mnie interesowała realizacja mojego programu życia, niż kto rządzi. Wychodziłem z założenia, że na to, kto rządzi, to ja nie mam wpływu.

Czy młody zielonoświątkowiec, jak jest licealistą, też biega za dziewczynami,

podrywa je, gra z kolegami w piłkę nożną i wpada na piwo?

Oczywiście, że biega za dziewczynami. Gra w piłkę nożną i wpada na piwo. Ale w tamtym czasie panowała moda na nadużywanie alkoholu przy każdej możliwej okazji, a ja po prostu nie piłem.

Nigdy pan nie pił?

Okazjonalnie czasem, ale takie rytualne upijanie się nie było dla mnie.

To znaczy, że był pan samotnym nastolatkiem?

Nie. Rówieśnicy przyjęli, że mam taki styl, i nie było z tego powodu żadnych scysji. Zrozumieli, że ja się wolę uczyć, wolę się zajmować muzyką, żyć swoim życiem. Zawsze miałem szerokie grono bliskich przyjaciół, z którymi doskonale się rozumieliśmy. Wcześniej, w podstawówce, miałem inne problemy natury, nazwijmy to, egzystencjalnej. Osiedle, na którym mieszkałem, szybko się rozrastało. Sprowadzali się różni ludzie, a ich dzieciaki próbowały przetrwać, tworząc zwalczające się nawzajem grupy.

Gangi młodocianych? Wstąpił pan do gangu?

To była wojna młodocianych gangów, ale z żadnym się nie utożsamiałem, bywałem raczej ofiarą tych zmagań. Żeby się bezpiecznie dostać do domu ze szkoły, musiałem się nieźle nagimnastykować. Poza tym ja już w wieku czterech lat zaliczyłem epizod gangsterski.

Bawił się pan w policjantów i złodziei?

Przy browarze po sąsiedzku była grupa dzieciaków takich trochę starszych, no i bawiłem się z nimi w sąsiednim parku w Indian i kowbojów. W parku górnicy zawsze po wypłacie pili alkohol i potem sobie spali na trawie, a marynarki wisiały na gałęzi. Starsi koledzy wyznaczyli mi zadanie zwiadowcy. Miałem wyciągać z tych marynarek portfele. Jak znalazłem portfel, to potem wszyscy szliśmy do domu towarowego na zakupy. Mi koledzy kupowali słodycze, a sobie robili poważniejsze zakupy.

Wydało się?

Oczywiście. W gazetach napisano o obrabowaniu górników, w całym Wałbrzychu huczało. A moi rodzice domyślili się, co chodzi, bo zauważyli, że przyniosłem do domu słodycze, a przecież oni mi pieniędzy nie dali. No i tata dzwoni do szefa milicji w Wałbrzychu i mówi: „Słuchaj, ja wiem, kto to zrobił". „Kto?". „Mój syn". „Żartujesz?!". No i jakoś tam się dogadali i odegrali akcję, że przyjeżdżają milicjanci i mówią do mnie, że mnie biorą do więzienia, ja oczywiście w płacz. Tata mówi, że jak się kradło, to trzeba iść siedzieć.

Ale siedzieć pan nie poszedł?

W zawieszeniu mi dali karę. Miałem zakaz bawienia się z tamtymi chłopakami i zakaz oglądania dobranocki. Kara karą, ale sam fakt kontaktu z organami ścigania był dla mnie przerażający. Dla moich rodziców było jasne, że jak się coś zrobi, to trzeba za to odpowiadać. Jest przyczyna – i muszą być konsekwencje.

A potem został pan ofiarą wojny gangów. Łupili pana? Młody, wyskakuj z kasy?

Nie miałem kasy. Nikt nie miał i nie chodziło o rabunek, ale żeby przeciwnika poturbować, poczuć smak zwycięstwa. Tworzyły się grupy uliczne, chłopaki z jednego bloku przeciwko chłopakom z drugiego. Jedna strona osiedla zwalczała drugą stronę. Aby przetrwać bez szwanku, wyrobiłem w sobie zmysł integracji grupowej. Próbowałem zdobyć szacunek wśród chłopaków, ale nie na zasadzie siłowej, bo w tej kategorii byłem bez szans.

I udało się?

Tak.

Został pan przywódcą swojej części ulicy?

Jeśli chodzi o moje podwórko, to byłem w establishmencie, czyli w gronie decyzyjnym.

Czym zdobył pan posłuch?

Właśnie nie wiem, jakoś tak samo przyszło.

Wrodzona charyzma?

Chyba coś w tym rodzaju. No i trochę pomogła mi mama. Pamiętam, że kiedy na początku za każdym razem przychodziłem ze szkoły poobijany, matka wzięła się na sposób. Zorganizowała ciepłe lody – bita śmietana oblana twardą czekoladą na zewnątrz, wtedy to był rarytas – i rozdała wszystkim na podwórku. Oni nie wiedzieli, o co chodzi.

Ciepłymi lodami przełamała lody?

Zostałem wkupiony w to środowisko, miałem mądrą matkę. Na początku rówieśnicy traktowali mnie jako innego, stąd był konflikt. Nie chodziłem do kościoła katolickiego jak oni, czyli byłem inny. Każdy w wieku kilku czy kilkunastu lat bardziej czy mniej inny jest zawsze narażony na wrogie traktowanie. A potem pojawiają się ciepłe lody i agresja zanika. Inny? Niech mu będzie. Czy jest protestantem, czy Cyganem, czy Żydem, ale to jest nasz człowiek.

Pana ojciec już wtedy był pastorem?

Tak, od samego przyjazdu do Wałbrzycha był pastorem i to było dla niego najważniejsze posłannictwo. Był też dyrektorem w browarze i prezesem Społem, co władze denerwowało, bo nie należał do PZPR. Zaproponowano więc kompromisowe rozwiązanie. Do partii nie musi należeć, ale niech przynajmniej tym pastorem nie będzie. Nie zgodził się. Miał swoje zdanie, swój światopogląd i nie zbaczał na boki. Wypełniał swoje pastorskie powołanie przez 40 lat. Jak jego ojciec.

Być synem pastora to chyba niełatwe. Koledzy lali pana za protestantyzm?

Przyzwyczaili się. Uznali, że jestem jakimś innowiercą, i pogodzili się z tym. Trochę ich dziwiło, jak można być legalnym synem księdza, ale jakoś to po swojemu zrozumieli. Bardziej chyba przeszkadzały im grupy świadków Jehowy z powodu pewnej natarczywości tego środowiska. W pewnym momencie zielonoświątkowców łączono z tamtymi i musiałem sporo się natrudzić, żeby uświadomić kolegów, że my jesteśmy inni. Świat wokół nas miał dużo więcej barw, z czego nie zdawaliśmy sobie wtedy sprawy. To był tygiel, gdzie mieszało się wszystko. Żyliśmy w ultrażydowskim zagłębiu intelektu i przyszłych służb Izraela, obok ultrakatolicka wspólnota i ultraateistyczna, bo ci wszyscy repatrianci z Belgii i Francji to byli po prostu prawdziwi komuniści, którzy nie wierzyli w żadnego Boga, tylko w Marksa, Engelsa i Lenina.

Jak grała moja muzyka

Wspomniał pan o abstynencji, to trwa do dzisiaj?

Nie, to nie była abstynencja. Raczej niechęć do nadużywania alkoholu w sposób – że tak powiem – lifestylowy, czyli codziennie i dlatego, że tak wypada.

Z powodów religijnych nie ma pan zakazu sięgania po trunki?

Biblia zaleca zakaz nadużywania alkoholu, a nie zakaz jego spożywania. Wie pan, w czasach Wałbrzycha byłem nieustannie w dużym pędzie, jeżeli chodzi o pracę nad sobą. Rano miałem jedną szkołę, a szkołę muzyczną po południu i tak trwało, od kiedy poszedłem do podstawówki. Musiałem być dobry i w jednej szkole, i w drugiej. Uczyć się szybko i skutecznie, więc nie było czasu na zaburzenie stanu świadomości nawet przez dwie, trzy godziny. To była taka główna przyczyna. Jestem z natury typem chronicznego pracoholika, a alkohol nie pomaga przecież w osiągnięciu zamierzonych celów.

Szkoła muzyczna to pana pomysł czy ambicje rodziców?

W dzieciństwie miałem podobno taki ponadnaturalny talent muzyczny. Jako trzylatek potrafiłem śpiewać w harmonii na kilka głosów, grałem na wszystkim, co wpadło mi w ręce. Zapisano mnie do przedszkola muzycznego, ale zdarzył się wypadek, przeciąłem sobie nożem palce. Były sparaliżowane przez dwa lata, musiałem mieć ćwiczenia rehabilitacyjne i do muzyki wróciłem, dopiero kiedy poszedłem do szkoły podstawowej. Mojej mamie bardzo na tym zależało. Ona i cała rodzina kochali muzykę. Kiedyś strasznie się chciała w tym kierunku kształcić, ale z różnych powodów nie było jej to dane. I całą swoją miłość do muzyki przelała na mnie – można powiedzieć, że mnie zaraziła. Czuwała, żebym się uczył i zdobywał wiedzę muzyczną, bo uważała, że to będzie mi w życiu potrzebne. System, w którym żyła, będąc dzieckiem, zamknął jej drzwi do edukacji muzycznej, gdyż miała „złe pochodzenie społeczne". Więc poprzez mnie realizowała swoje niespełnione marzenia.

Na jakim instrumencie pobierał pan te nauki?

Skrzypce i fortepian jako dodatkowy instrument. To była cała droga edukacyjna: siedem lat nauki pierwszego stopnia i cztery lata drugiego stopnia, czyli 11 lat wykształcenia muzycznego.

Dalej już tylko konserwatorium.

Był taki zamiar, ale okazało się, że mam bogactwo wyboru wyższej uczelni i zdecydowałem się na inny kierunek. Maturę zdałem z tzw. czerwonym paskiem i mogłem bez egzaminu złożyć papiery na każdą uczelnię w kraju. Wybrałem medycynę.

I koniec z muzyką?

O, nie. Do dzisiaj gram i nawet czasem koncertuję. Muzyka jest dla mnie bardzo ważna. Studiowałem medycynę, ale cały czas grałem na festiwalach protestanckich, na obozach katolickich Ruchu Światło-Życie i podczas spotkań religijnych, nagrywałem muzykę w studiu, tworzyłem muzykę, teksty, aranżacje. To była muzyka dedykowana głównie Bogu.

Pieśni religijne?

Też, ale w innej tonacji niż te śpiewane w kościołach katolickich. Graliśmy gospel i funk, czyli muzykę czarnych artystów. To był taki główny nurt, ale też trochę jazzu, no i później muzyka elektroniczna na syntezatorach.

Rock and roll? Heavy metal?

Wie pan, otarłem się o wszystkie style, bo jak się grało w różnych kapelach, to po prostu się grało to, co ludzie lubili słuchać. Nie było jakichś ograniczeń, że to tak, a to nie, ale taka najbardziej fajna, środowiskowa w tamtym czasie muzyka to był blues. Jak się jest klawiszowcem, to tam nie ma za dużo rocka. Rock to są gitary, metal to samo. Muzyka środowisk protestanckich ma prestiż na całym świecie, bo jak coś się gdzieś dobrego pojawi, to momentalnie ma to przełożenie na 700 milionów członków wspólnoty na całym świecie. Myśmy chcieli być takimi championami na tej półce muzycznej. Marzyliśmy, że jak już coś stworzymy, to cały świat będzie tego słuchał.

Gospel i blues jako muzyka kościelna.

To jest czarna muzyka, ale też to jest coś w rodzaju good news, czyli muzyka o zbawieniu dla reszty świata. Muzyka kościelna nam się kojarzy z Bachem i organami, ale Whitney Houston i Mariah Carey z Bachem się nie kojarzą, a one zaczynały w kościołach, bo tam miały widownię. Wyobraża pan sobie koncert z milionową widownią? Religijne imprezy protestanckie gromadzą w jednym miejscu nawet milion ludzi. To jest wspólnota, która odbiera muzykę. Trzeba być dobrym, lepszym niż inni, mieć to coś w sobie, że inni poczują twojego bluesa. Tworzymy muzykę dla naszego środowiska poświęconą Bogu.

Podobno w szkole wykazywał pan talenty nie tylko muzyczne, ale także matematyczno-fizyczne?

To prawda, wytypowano mnie do tzw. ścieżki indywidualnej. Moja szkoła była w ogóle genialna, bo to był taki nowoczesny system kształcenia: wybierz sobie, kim chcesz być, i zajmuj się tylko tym, a resztą sobie nie zawracaj głowy. Ponieważ mnie interesowały matematyka i fizyka jądrowa, w związku z tym geografią, historią czy biologią nie musiałem się zbytnio przejmować. Zaliczałem te przedmioty na spokojnie, nie przykładając się za bardzo, a nauczyciele nie wymagali nadmiernie. Natomiast fizyka i matematyka to były olimpiady i tu mi szło bardzo dobrze, wygrywałem bardzo dużo olimpiad z tych kierunków i tak sobie myślałem, że będę w przyszłości fizykiem jądrowym. Byłem kształcony właśnie w tę stronę.

Ale w końcu nie poszedł pan w tym kierunku?

Jak dostałem ten wolny wstęp na uczelnie, miałem dylemat właściwego wyboru. W dziedzinie matematyki i fizyki moja wiedza była na poziomie drugiego, trzeciego roku na politechnice. Natomiast o medycynie nie wiedziałem nic i chciałem się sprawdzić intelektualnie. Jak sobie dam radę, ucząc się czegoś, o czym nie miałem pojęcia. Dlatego postanowiłem pójść na medycynę. Poza tym miałem nieuleczalnie chorą na serce matkę, której chciałem w ten sposób pomóc.

Jak się zakochałem i chciałem uciec z kraju

Jakie dziewczyny były w tym pana Wałbrzychu?

Pewnie takie jak wszędzie. Ale ja za bardzo się za dziewczynami w Wałbrzychu nie oglądałem. Wie pan, jak człowiek jest w środowisku protestanckim, to odruchowo szuka kogoś z tego samego grona. Były coroczne obozy młodzieżowe. Wspólnota była mała, liczyła w Polsce 15 tysięcy członków, więc cała młodzież protestancka mogła się integrować na tych obozach. Jeździło się na nie od 13. roku życia. Byłem już studentem medycyny, na ostatnim roku, kiedy na obozie w Zalesiu pod Warszawą poznałem tę jedną jedyną. I pierwszą. To była moja przyszła żona. W dniu, gdy ją spotkałem, powiedziałem, że się pobierzemy.

Wcześniej nie było żadnej?

Były sympatie, ale w tamtych czasach się myślało trochę inaczej, po prostu jakoś tak bardziej romantycznie i długofalowo. Zawsze w takich sytuacjach pojawiało się pytanie: czy z tą osobą będę chciał spędzić całe życie?

I od razu pan wiedział, że z tą jedną jedyną dziewczyną z obozu powędruje dalej przez życie?

Tak, chociaż czułem trochę lęku, bo nie było wiadomo, jakie to życie będzie. Poznaliśmy się, można rzec, niebanalnie, bo przyprowadzono mi ją jako pacjentkę w celu konsultacji. Chyba dobrze ją skonsultowałem. A kiedy później oświadczyłem, że zostanie moją żoną, powiedziała, że chyba zwariowałem. No, fakt, trochę dla Bożeny zwariowałem. Żyjemy z sobą już ponad 30 lat. Obiecałem jej przy ślubie, że postaram się, aby każdy dzień jej życia ze mną był pełen mocnych wrażeń. I muszę przyznać, że chyba aż zanadto wypełniłem swoją obietnicę.

Czym pana tak zachwyciła?

Sobą. A poza tym była kimś całkowicie nowym i z innego środowiska. Cały czas obracałem się w świecie zielonoświątkowców, a jak się za długo przebywa w wąskim gronie, to się chce inności. Bożena była akurat taką nową osobą, też poszukującą. Bo ona była wychowana w duchu katolickim. Poprzez działalność w ruchu oazowym Światło-Życie zbliżyła się do protestantów. Kiedy po raz pierwszy ją zobaczyłem, spytałem nawet: „Dziewczyno, skąd się tutaj wzięłaś, bo cię przecież nie znam?".

A skąd się wzięła?

Z Warszawy. Mieszkała w Warszawie. Zaczęła uczęszczać do Kościoła Chrystusowego w Warszawie przy ulicy Puławskiej 144. Jej tata pracował w sztabie generalnym. W jej rodzinie zapanowało poruszenie, że Bożena zmienia religię. Związek ze mną uznali początkowo za rodzaj mezaliansu.

Który to był rok?

1982.

W ciemną noc stanu wojennego zakochał się pan w swojej przyszłej żonie?

Tak. I to na tyle silnie, że nie byłem w stanie wytrzymać na emigracji dłużej niż pół miesiąca i wbrew logice wróciłem przez pustą granicę do okupowanej przez własne wojska Polski.

O jakiej emigracji pan mówi?

No, w stanie wojennym stwierdziłem, że trzeba zagrać va banque, bo w kraju wszystko idzie w złą stronę. Byłem chyba już na piątym roku studiów i pomyślałem, że trzeba w końcu podjąć jakąś decyzję dla dobra przyszłości. Bardzo dużo wcześniej podróżowałem. Podczas jednej z wypraw pracowałem w ośrodku dla azylantów z Afganistanu, Wietnamu i innych egzotycznych krajów prowadzonym przez protestantów. To było w Norden, na północy Niemiec. Piękny ośrodek. I właśnie jak się w Polsce wydarzyło to, co się wydarzyło, pojechałem do tego ośrodka.

Pracować z uchodźcami?

Nie. To miał być przystanek po drodze do USA. Teraz pan spyta, po co do Ameryki? Od razu powiem, że chodziło o jedną dziewczynę z Kolorado, którą poznałem wcześniej i która namawiała mnie, abym do niej przyjechał. Jakoś tak przypadliśmy sobie do gustu. Pomyślałem, że wyjadę do niej do Denver.

Dotarł pan do tego Denver?

Krótko wcześniej poznałem moją przyszłą żonę. Siedziałem w tym ośrodku w Norden i co noc miałem typowe sny azylanta, że się budzę w Polsce, że mnie służby ścigają, że gdzieś tam się chowam. I śniła mi się Bożena. Poczułem, że to nie do zniesienia. Po prostu poszedłem za głosem serca i powiedziałem: „Wracam".

W Polsce był to czas zejścia do podziemia Solidarności, ruchu, który dał Polakom nadzieję na zmiany, ale władza szybko te oczekiwania zgasiła. Należał pan do tego związku albo do Niezależnego Zrzeszenia Studentów?

Jak się dostałem na studia, to byłem jedną z niewielu osób, która się nie zapisała do SZSP, czyli Socjalistycznego Związku Studentów Polskich. W 1980 roku powstało Niezależne Zrzeszenie Studentów i zauważyłem, że cały aktyw SZSP stał się aktywem związków niezależnych, więc mnie to tak średnio zainteresowało. Trochę jak mój dziadek zostałem niezależnym indywidualistą i jako jedyny z grupy nie zapisałem się do nowej organizacji studenckiej, bo nie mam zaufania do ludzi, którzy nie traktują poważnie podejścia do własnego światopoglądu. Wolałem stać z boku.

Może odwagi zabrakło?

Odwaga polega na umiejętności podjęcia dobrej decyzji mimo niesprzyjających uwarunkowań, zarówno wewnętrznych, jak i zewnętrznych, czyni zdolnym do stawienia czoła próbom i narażenia się na nieprzyjemne konsekwencje w imię wyższych wartości. Nikt z mojej bliższej ani dalszej rodziny nigdy nie był członkiem PZPR ani też SZSP. Przynależność do tych organizacji wiązała się z wyznawaniem światopoglądu materialistycznego opartego na ateizmie. Dla osoby wierzącej w Boga jest to nie do zaakceptowania. Wie pan, nie zapisałem się na studiach do SZSP, bo tam trzeba było podpisywać deklarację, że nie ma Boga i że tylko socjalizm. Odmówiłem jako jeden z niewielu na roku, i to był akt odwagi, bo zamykałem sobie drogę do kariery. Wiedziałem, że po studiach wszyscy inni będą awansować, a ja prawdopodobnie gdzieś sobie zostanę przez resztę swojego życia lekarzyną na prowincji. A kiedy później cała czołówka socjalistycznego związku stała się czołówką niezależnego zrzeszenia, powiedziałem, że to nie jest mój układ. Kontynuowałem proces wewnętrznej emigracji. W tamtym czasie miałem bardzo bliskie związki z liderami organizacji działających za granicą na rzecz ofiar sowieckiego systemu totalitarnego oraz przeciwdziałania łamaniu praw człowieka. Wielu z nich było w brytyjskich i amerykańskich służbach specjalnych. Inna rzecz, że moje losy mogłyby się inaczej potoczyć, gdybym wyłącznie nie był obserwatorem. Gdybym miał kontakt z jakimiś ośrodkami opozycyjnymi, pewnie w coś bym się zaangażował. Nie miałem, więc wolałem się po prostu uczyć i zajmować swoimi rzeczami, a nie polityką.

Jak zostałem lekarzem

Kiedy wziął pan ślub z Bożeną?

31 grudnia 1983 roku, w sylwestra. Musiałem wziąć w tym dniu, bo inaczej wszystko by się zawaliło. Zarówno moi, jak i jej rodzice byli przeciwni naszemu związkowi. Więc musieliśmy działać szybko.

Rodzice przeciwni z powodów religijnych?

Tak. Ze strony Bożeny – bo oni są rdzennymi katolikami, a moja wiara była im obca. Moi rodzice na odwrót: że my jesteśmy innego wyznania, a ona dopiero od niedawna. Ja miałem problemy z podejmowaniem życiowych decyzji i sobie jakoś tak wykombinowałem, że jeżeli podejmę decyzję, która będzie wbrew wszystkim, to ona będzie właściwa. Nabrałem przekonania, że już nie potrzebuję zgody rodziców, że potrafię iść dalej sam. Poczułem, że już dojrzałem.

Ślub kosztuje. Jak to udźwignąć bez pomocy rodziców?

Nie miałem pieniędzy ani na ślub, ani nawet na obrączkę. Dlatego najpierw pojechałem znowu do Niemiec do swojej kuzynki, która była tam w obozie dla azylantów w Oldenburgu. Zaprowadziła mnie do niemieckiej pomocy społecznej. Dawali zapomogi osobom, które przyjeżdżały zza żelaznej kurtyny. Dostałem chyba 700 marek i za te pieniądze kupiłem sobie garnitur na ślub i obrączkę, na której wygrawerowałem datę: 1983. Dlatego wiedzieliśmy, że pobierzemy się właśnie w tym roku, a jedyna wolna data w wałbrzyskim Urzędzie Stanu Cywilnego to był sylwester. No i tak to wyszło.

Przyjechali jej rodzice?

Tak, byli wszyscy. Jej rodzice i moi, bo na szczęście fochy im przeszły, zaakceptowali wreszcie nasz związek.

W tym czasie kończył pan już studia medyczne. Jaka specjalizacja?

Dostałem stypendium ze szpitala górniczego w Wałbrzychu. Brakowało im ginekologów, więc z musu, jak skończyłem studia, przyjechałem do Wałbrzycha, dostałem mieszkanie i zacząłem pracować w szpitalu, robiąc specjalizację z ginekologii. Ale po dwóch latach stwierdziłem, że to jednak nie jest moje powołanie i poprosiłem o zmianę specjalizacji na laryngologię.

A skąd to zniechęcenie ginekologią?

Pracowałem głównie na oddziale porodowym. Pracy mnóstwo, bo żony górników bez przerwy zachodziły w ciążę i rodziły. Model górniczej rodziny w tamtym czasie to przynajmniej kilkoro potomstwa, a zdarzało się, że przychówek przekraczał dziesiątkę dzieciaków. Czasem te dzieci, które przyjmowałem na świat, później matki oddawały na dyżurach w przychodni dziecięcej i one trafiały do domu dziecka. Jak się komuś ratuje życie, to niech to ma później jakąś wartość, a nie przychodzi jakaś młoda panienka ubrana w futro za kartę górnika męża, który tyra i umiera pod ziemią, i oddaje swoje dziecko po prostu ot tak do domu dziecka, zostawia je u nas jak rzecz. Pracowałem na dyżurach po 48, a nawet 72 godziny non stop i czułem bezsens. Dlatego przeniosłem się na laryngologię.

Tam było mniej tyrania?

Praca na oddziale laryngologii to są przede wszystkim nosy, chore zatoki, uszy i migdałki u dzieci. Można powiedzieć – spokojna robota. Dochodziła praca w odległej przychodni lekarskiej dla górników kopalni węgla, kopalni uranu, granitu. Dorabiałem jeszcze w pogotowiu, bo Bożena zajmowała się wychowaniem dzieci. Łukasz przyszedł na świat w 1984 roku, a Małgosia dwa lata później. Trzeba było na utrzymanie rodziny zarobić.

Praca lekarza to nieustanny stres. Chorzy cierpią, czasem umierają, myślę, że dla lekarza to trudne do zniesienia?

Ponieważ moja mama była już śmiertelnie chora, zanim się urodziłem, widziałem, że życie polega na tym, że się ma determinację do przeżycia następnego dnia. Pacjentów, którzy byli na granicy, jakoś udawało mi się przekonywać, żeby przeżyli tę minutę, godzinę, dzień, tydzień. Podczas mojej kariery lekarskiej, która trwała siedem lat, nie widziałem ani jednego zgonu.

A jak pan ich przekonywał?

To jest siła, która wypływa z przebywania z drugą osobą. Nie wiem, po prostu trzeba być przy kimś, trzeba kogoś zdopingować, zmobilizować. To jest tajemnica życia i śmierci, którą trudno określić. Mnie się wydaje, że ten cud polega trochę na tym, że się odsuwa ten moment przejścia na drugą stronę, na ile się da, poprzez interakcję między lekarzem a chorym. Nie wiem jak, ale to działa.

Czyli umiejętność rozmowy.

Rozmowa i przekonywanie do mobilizacji, żeby pacjent jeszcze wykrzesał tę energię życiową do przeżycia następnego momentu. Kierowanie ich umysłu w głębokie obszary wiary. Jeśli byli ludźmi wierzącymi – odnowienie kontaktu duchowego z Bogiem. Spowodowanie, aby nadzieja zwyciężyła zwątpienie. Na moich dyżurach chorzy nie umierali, ale gdy schodziłem z dyżuru, zdarzało się, że umierali na rękach moich kolegów. Nie ma recepty na nieśmiertelność, ale czasem pomaga odrobina uśmiechu. Na przykład powiedzenie pacjentowi w stanie krytycznym, że w zasadzie nie wiadomo, kto dłużej będzie żył, bo może mi się coś stanie w drodze do domu. Chorego to rozbawiało i dodawało mu energii do życia. Czasem niestety tylko na chwilę.

Jak przestałem być lekarzem

Bożena zajmuje się dziećmi, pan zarabia na rodzinę. Wiążecie koniec z końcem?

Zarabiam jakieś 30 dolarów miesięcznie, a Bożena dostaje zasiłek na dzieci. W okresie komunizmu, w przeciwieństwie do dzisiejszych czasów, był niezły system wspomagania rodziny.

Na co was stać? Dom, samochód?

Stać nas na niewiele, ale nie mamy rozbuchanych marzeń. Zresztą, marzyć to sobie można, tylko trzeba było być realistą. Byliśmy szczęśliwi, mając siebie. Samochodu nie mieliśmy, ale mieszkanie z puli szpitalnej dostałem, to w tych czasach był niemalże cud. Miejscowa gazeta nawet próbowała mnie z tego M-3 rozliczać, że to pewnie po znajomości, bo tata to prezes Społem, i jakim prawem ja dostałem przydział. Prokuratura musiała wszystko sprawdzić i potwierdziła, że mieszkanie mi się należało jako lekarzowi, a wpływy mojego ojca nie miały nic do rzeczy.

Jakie to mieszkanie?

Dwupokojowe z kuchnią. 44 metry kwadratowe. A kuchnia widna.

No to pałac.

Wtedy to był pałac. Na głupi telefon czekało się 20 lat, na przydział mieszkania dłużej. A tu młody lekarz dostaje od ręki. W głowie to się niektórym nie mieściło. Wyjaśnienie jest proste. Szpital potrzebował lekarzy i dostał do wykorzystania pulę nowych mieszkań na osiedlu Podzamcze. Dostało 10 lekarzy zgodnie z rozdzielnikiem, w tym ja.

Ma pan ten dwupokojowy pałac, ale za 30 dolarów miesięcznie trudno o stabilizację na jako takim poziomie.

Szybko to zrozumiałem. Drażniła mnie myśl o dorabianiu się jako lekarz, ale uznałem za całkiem naturalne, że można zarabiać godziwie jako biznesmen. Miałem swoje marzenia o tym, że kiedyś będę biznesmenem. Myślałem całkiem poważnie o show-biznesie, w końcu byłem muzykiem po szkole muzycznej. Ale na razie pracowałem w szpitalu, dawałem z siebie wszystko. Widziałem, że wszyscy są na tym samym poziomie, w związku z tym, wie pan, jak się jest w środowisku ludzi, którzy robią to samo, dostają tyle samo, to nawet nie ma takiej potrzeby wyrwania się z tego kręgu. Ja musiałem w sobie to wyrobić, bo w końcu pojąłem, że przedłużanie tego stanu o 10 czy 20 lat prowadzi donikąd. Odezwał się we mnie instynkt.

Instynkt dorabiania się?

Instynkt potrzeby dokonania zmian. Często w Izraelu obserwuję ptaki. Przelatuje ich z pół miliarda nad naszymi głowami w Izraelu z północy na południe, a później na odwrót. Przychodzi taki moment, że ptak, który nigdy nie leciał gdzieś do Afryki, raptem czuje, że coś tu się skończyło, i pojawia się jakaś siła, która go mobilizuje do wysiłku, żeby się udał w nieznanym kierunku, ale bardzo ściśle określonym. Byłem takim ptakiem, który poczuł, że coś się skończyło i trzeba ruszać w drogę.

Jak pan się do tego zabrał?

Dwa lata przed Okrągłym Stołem, który w efekcie zmienił w Polsce ustrój, zacząłem w wolnych chwilach na tych swoich szpitalnych dyżurach zamiast czytać gazety jak koledzy, rysować plan działania. Gdzie ten mój przyszły biznes będzie, w których krajach, z czym będzie związany – i to był taki czas samodoskonalenia swojej świadomości.

Jak pan rysował ten biznes?

Robiłem wykresy, ikonografikę, taki mój język samego z sobą.

A jaka branża?

Obserwowałem życie i tutaj stosowałem sposób myślenia, jaki sobie wyrobiłem przy uczeniu się fizyki jądrowej. Patrzyłem na świat, który jest, i widziałem świat, którego nie ma, który można stworzyć. Wspomagałem jako wolontariusz wiele organizacji charytatywnych. Przesyłali przez nasz zbór kontenery z pomocą humanitarną dla Polski.

Zarządzałem logistyką dystrybucji, sortowałem i rozdawałem góry lekarstw, odzieży, obuwia, żywności. Pomagałem innym wokół siebie, jak mogłem. Zacząłem wtedy budować szpital, pierwszy w Europie Wschodniej, chrześcijański prywatny szpital.

Budował pan na wykresach podczas nocnych dyżurów?

Nie, prawie naprawdę zbudowałem. Zostałem prezydentem polskiego oddziału Christian Medical Fellowship, czyli Chrześcijańskiego Towarzystwa Lekarzy. Zacząłem jeździć na sympozja, spotykać się z przedstawicielami krajowymi, którzy mają wysoki standing, i wymyśliłem taką utopijną wizję, że przejmiemy tutaj jakiś podupadający ośrodek na Dolnym Śląsku i zrobimy z tego wzorcowy model, gdzie relacja pacjent–lekarz jest inna, że lekarz jest z powołania, wierzący w Boga, który realizuje w szpitalu właśnie swoją misję. Pacjenci są traktowani inaczej, no i lekarze są traktowani inaczej.

Miałby to być prywatny szpital w gruncie rzeczy. W PRL to chyba niemożliwe?

To miał być fundacyjny szpital. Założyliśmy fundację. Już wszystko było gotowe, dostaliśmy nawet pozwolenie od władz partyjnych. I szpital o mały włos by powstał, ale akurat upadł komunizm i już nie było takiej potrzeby.

No to biznesu pan jednak nie zrobił.

Na razie jeszcze nie, ale natchnął mnie pewien kaznodzieja, pastor, który przyjechał do Wałbrzycha i wygłosił wykład dla naszego środowiska. Mówił, że z Bogiem to jest bardzo konkretna sprawa, bo jak się czegoś chce, to trzeba wiedzieć konkretnie, co się chce. Nie wystarczy oczekiwać zmiany tylko dlatego, że komuś się nie wiedzie. Trzeba to lepiej uzasadnić i wymyśleć sposób poprawy sytuacji, bo Bóg tego za człowieka nie dokona. Ale można z Bogiem podpisać kontrakt. Pamiętam, że żona spała, a ja sobie w nocy siedziałem i zacząłem rysować plan, na zasadzie, co by było gdyby. Akurat kładłem tapety na ścianę i byłem nieludzko zmęczony. Zastanawiałem się, dlaczego ja to robię, a coś mi odpowiada: „Bo nie masz pieniędzy, żeby zapłacić komuś, kto to zrobi. Zarabiasz 30 dolarów miesięcznie, czyli jednego dolara na dzień. On jest dla ciebie za drogi, bo jego pensja jest trzy razy wyższa niż twoja". No to pytam się siebie, dlaczego tylko tyle pieniędzy zarabiam, co zrobić, by zarobić więcej, i sobie wyliczyłem, że jakbym pracował na dwóch etatach do końca życia, do emerytury, tobym zarobił 12 tysięcy dolarów. I tak sobie usiadłem na tej podłodze, i tak do mnie to dotarło, że po prostu ta droga prowadzi donikąd. No i powstało pytanie: co zrobić? Czyli więcej już nie mogę włożyć energii w medycynę, żeby coś więcej wyciągnąć, więc trzeba zrobić miejsce, zminimalizować mój wkład w medycynę do dwóch godzin na dobę – bo to było wtedy możliwe – czy tam dwa dni w tygodniu, i szukać nowych opcji, czyli napisałem sobie na kartce, że jeżeli zarobię 100 dolarów, a nie 30, to będzie super. 10 procent dam na dziesięcinę, na zbożne cele, bo w naszym Kościele jest taka zasada, że oddaje się jedną dziesiątą zarobków, ale i tak zostanie mi 90 dolarów i już będę trzy razy bogatszy. Jeżeli 200 dolarów, to sobie zatrudnię asystenta, bo chcę być biznesmenem, 500 to już wynajmę firmę, 1000 to już w ogóle była dla mnie koszmarnie wielka suma. No i skończyłem swoje plany na 2500 dolarów za miesiąc. I wtedy jedna trzecia co miesiąc na oszczędności, jedna trzecia na inwestycje, jedna trzecia na życie i 10 procent na zbożne cele. No i na końcu napisałem w tej mojej wyliczance, że jakbym zarobił 15 tysięcy dolarów, to wtedy już nie muszę pracować do końca życia, bo włożę to do banku PKO SA na sześć procent za rok, czyli dostanę 1500 dolarów odsetek, z tego będę żył i mogę się zająć medycyną nawet charytatywnie, bo jestem bogaty. I nie muszę się martwić o pieniądze. Taki kontrakt z Bogiem podpisałem i zaraz potem zrobiłem pierwszy w moim życiu biznes.

Dzięki temu kontraktowi?

Mam nadzieję, że dzięki niemu. W środowisku wałbrzyskim wszyscy się znali i kiedyś szef domów towarowych PDT, coś takiego było kiedyś, mówi do mnie, że jest taka sytuacja, że się zmieniło prawo, że teraz jak się wiezie prywatnie pieniądze, to można przywieźć towar, i że to się opłaca w przeciwieństwie do importu według starych zasad, które były zbyt skomplikowane i drogie.

Ta zmiana prawa to ustawa o wolności gospodarczej, którą wprowadził minister gospodarki w ostatnim rządzie PRL Mieczysław Wilczek.

Tak, ale wtedy nie miałem o tym zielonego pojęcia. Spytano, czy chcę w tym wziąć udział, bo ja jestem osobą zaufaną, synem przyjaciela tego dyrektora PDT. Zgodziłem się. Dostałem 87 tysięcy dolarów do ręki, które wpłaciłem sobie na konto, na drugi dzień wyciągnąłem z różowym pokwitowaniem, że to są pieniądze z mojego konta. Pojechałem do Niemiec zakupić u swojego wujka, który miał tam biznes w strefie wolnocłowej, kawę i zaimportowałem tę kawę do Wałbrzycha.

PDT chciał mieć kawę?

Tak, ponieważ się zbliżały święta, a wiadomo, że przed świętami w sklepach brakowało towaru. Zrobiłem pierwszy poważny biznes w moim życiu, ale problem polegał na tym, że aby otrzymać wypłatę prowizji, prawie 30 tysięcy dolarów, potrzebna była faktura, a ja nawet nie wiedziałem, jak się tę fakturę wypisuje, więc zadzwoniłem do kogoś, kto się na tym znał. Nazywał się Bogusław Bagsik. Znaliśmy się wcześniej z zespołów muzycznych. Mówię: „Słuchaj, czy ty wiesz, jak się wypisuje fakturę?". On mówi, że wie. Na to ja: „Skoro tak, to przyjedź, wypisz i dam ci połowę z tego interesu".

Za samo wypisanie faktury? Bardzo szczodrze pan go potraktował.

Wie pan, to było na zasadzie partnerskiej i on zaraz mi się zrewanżował. Przyjechał wtedy, skończyliśmy transakcję, potem na obiedzie dał mi złoty rolex, kluczyki do bmw i 40 procent udziału w firmie Art-B. Oraz stanowisko wiceprezesa. I tak przestałem być lekarzem.

Nowe bmw?

Nie, było trzyletnie, ale potem zmieniłem na nowy model 750iL.

A jak pan poznał Bagsika?

Myśmy się znali ze środowisk protestanckich i jeździliśmy na te same obozy. On był ze środowisk baptystycznych, ja z zielonoświątkowych, ale te wszystkie wspólne obozy były dla wszystkich grup wyznaniowych. Wspólnie graliśmy muzykę na tych obozach, tak się poznaliśmy i polubili.

W ten sposób jednego dnia umarł lekarz, a narodził się biznesmen. Czy to ręka Boga spowodowała?

Jak już z Bagsikiem zarobiłem te 15 tysięcy dolarów, to w tym momencie taka fala refleksji mnie naszła, że podpisałem sobie kontrakt z Panem Bogiem i wyszło od razu saldo na maksymalnym poziomie. To był taki znak opatrzności i teraz dostałem tę firmę, jakieś stanowisko wiceprezesa, o którym nie miałem zielonego pojęcia. I co robić dalej? Pytanie jak w „Wielkiej Grze": czy gra pan dalej?

I tak się uśmiechnąłem i powiedziałem: „Tak, gramy". No i tak się zaczęła moja przygoda w biznesie.

Z Bogusiem Bagsikiem to była prawdziwa męska przyjaźń?

On był dla mnie bliskim znajomym w tamtym czasie.

A w Wałbrzychu, wcześniej w szkole, miał pan przyjaciół?

Miałem zawsze wspaniałe grono.

Tamte przyjaźnie przetrwały do dzisiaj?

Starałem się je podtrzymywać. Później, jak spadło na mnie odium aferzysty i ogłoszono moją winę, chociaż nie było wyroku, odseparowałem się od całego świata, łącznie z przyjaciółmi z dzieciństwa, aż ta sprawa się nie skończy.

Taka ekstremalna sytuacja powoduje, że można sprawdzić bliskich sobie ludzi. Kto się odsuwa, kto się wypiera, a kto wyciąga rękę.

Z tego szkolnego środowiska nie miałem nigdy ani słów potępienia, ani agresji. Sam się od nich i od całego dawnego świata odseparowałem. Przeżywałem stan, który nazywam zespołem osaczenia. Dokonałem wewnętrznej emigracji. Nie były mi potrzebne słowa wsparcia. I wie pan co, nie chcę o tym mówić.

Złoty horror

Wróćmy zatem do czasów po Art-B. Przyjeżdżacie do Izraela razem z Bogusławem Bagsikiem, ale mieszkacie osobno. Czy można wciąż mówić o tandemie?

Wie pan, tandem wcześniej na tym polegał, że ja żyłem w jednym świecie i poszerzałem to nasze imperium, a Boguś w innym i robił swoje. Tak że to nigdy nie było wspólne chodzenie i trzymanie się za ręce.

No tak, ale na zewnątrz postrzegano was jako nierozłącznych.

Wie pan, to, co się postrzega, to jest jedna sprawa, natomiast rzeczywistość bywa inna. Każdy z nas niezależnie realizował siebie. Pracowaliśmy na własne życiorysy i po przyjeździe do Izraela było podobnie, chociaż byliśmy zmuszeni wspólnie jakoś się bronić, bo wspólnie nas zaatakowano. To była defensywa. Skupiliśmy się na niej, bo byliśmy odcięci od możliwości kreatywnego działania. Ale trwało to krótko, bo już w 1994 roku Bagsika aresztowano w Szwajcarii. Potem już nie było nawet możliwości fizycznego kontaktu przez ponad 20 lat. Mieliśmy długą przerwę w jakichkolwiek kontaktach.

Ale do 1994 roku, do jego wyjazdu do Szwajcarii, wasze drogi oddalają się od siebie.

Po prostu zmienił się kontekst. Wcześniej myśmy się znali od dziecka – jako ludzie kochający muzykę, grający w zespołach, niemający pieniędzy, ale mający wizję. Później raptem zarabiamy pieniądze, budujemy firmę, tworzymy ją. A później razem mamy problemy i staramy się nie artykułować przyczyn ani oskarżeń. Można powiedzieć, że po męsku znosimy rzeczywistość. Jest ciężka. Jak przychodzą cierpienie i kryzys, to każdy się zaszywa w swojej dziurze.

Czy Bagsik wyjechał na narty do Szwajcarii i dał się złapać? To delikatnie mówiąc, nierozważne.

Nie, on nie wyjeżdżał na żadne narty. On jeździł w interesach i w jednej podróży przez Szwajcarię został aresztowany.

Konsultował się z panem przed tym wyjazdem?

Nie, on zawsze jeździł bez pytania. Ja też jeździłem w tym czasie, podróżowałem.

Czyli też pan ryzykował?

Też.

Pod swoim nazwiskiem pan podróżował?

Tak.

Ale do Europy pan nie przyjechał?

Bywałem.

Pan też był w Szwajcarii?

Też.

To jakim cudem jego namierzono, a pana nie?

Nie wiem. Są różne wersje. On mówi, że sam poszedł na ścianę, że sam zadecydował, że będzie taki koniec. Nie dziwię się, bo też miałem takie myśli, żeby wsiąść do samolotu EL AL-u i polecieć do Polski.

Skąd takie myśli?

Wie pan, jeśli jest się atakowanym przez polski rząd, służby, wywiad, nawet przez polski naród, a człowiek czuje, że nic złego nie zrobił, to im dłużej trwa taka farsa, ucieczka przestaje mieć sens. Jest chęć konfrontacji na zasadzie: co może być gorszego niż to, co było?

A tęsknota za Polską?

Nie, proszę pana, tęsknota została wypłukana przez realia, które, że tak powiem, dominowały w tym czasie. Nie ma już czegoś takiego jak tęsknota, po tym, co przeszedłem. Zawsze przychodzi myśl, żeby skrócić czas męki. Załóżmy, że gdybym był w Auschwitz, to zawsze byłyby druty elektryczne, na które można byłoby pójść.

Pobyt w Izraelu to rodzaj obozu? To chyba nadużycie – jeżeli już więzienie, to ze złotą celą.

To był złoty horror. Jak się czyta o sobie codziennie w gazetach, słyszą to dzieci i ich koledzy szkolni, sąsiedzi. Cały świat słyszy, że jesteśmy aferzystami, którzy okradli polski system bankowy, to nie jest komfortowa klatka ani złota. To jest bardzo drogie miejsce pobytu, w którym na adwokatów i obronę traci się miliony dolarów w miesiącu, więc człowiek w pewnym momencie chce przerwać to pasmo i spróbować innych rozwiązań. Bo co może stać się w Polsce? Albo człowieka zastrzelą, albo muszą wsadzić do więzienia, ale jakieś zarzuty muszą mieć, jakieś argumenty – i już. Normalna ludzka sprawa, jeśli coś się zrobiło, to trzeba ponieść konsekwencje, jednak chciałoby się dowiedzieć, co się zrobiło i komu, i co za to grozi.

Bagsik świadomie zdecydował się na ten krok?

On twierdzi, że tak.

Warto było?

Nie ma sensu zastanawianie się, co było warto, a co nie warto. Tak naprawdę warto było wyjechać z Polski na stałe już w 1989 roku. Nie warto było zostawać w kraju po otworzeniu się granic.

Jak wygrały
ze mną stereotypy

Bogusław Bagsik, używając pańskiej metafory, rzucił się na druty i mocno poranił.

Trafił w Szwajcarii do aresztu ekstradycyjnego, skąd przez 1,5 roku nie mogli go wydać Polsce, bo zarzuty były niekompatybilne z prawem szwajcarskim. To, o co go oskarżono w Polsce, nie było nielegalne w Szwajcarii, aczkolwiek Szwajcarzy chcieli iść na rękę Polsce i niezgodnie z procedurami ekstradycyjnymi z grzeczności przetrzymali go, dopóki Lech Wałęsa nie stracił panowania.

Co ma do tego Wałęsa?

W Szwajcarii stwierdzono, że polski prezydent jest głównym czynnikiem personalnego ataku na Bagsika. A kiedy Wałęsa przegrał wybory i już nie był władny, Szwajcarzy trochę jeszcze poczekali i pozwolili Bagsikowi, żeby wrócił do kraju. Oczywiście Szwajcarzy okroili wszystkie zarzuty z Polski, w związku z czym Polska nie mogła go skazać za czyny, które w Szwajcarii nie są przestępstwem, na przykład zarzut, że ograbił własną firmę. W Polsce trochę posiedział, później zgodził się na matematyczny wyrok. Dziewięć lat podzielone na pół to jest 4,5 roku, które odsiedział w areszcie. I wymiar sprawiedliwości nie stracił twarzy, ukarał przecież tego strasznego aferzystę. I cały naród był bardzo zadowolony z tego powodu.

I aferzysta poszedł w skarpetkach, jak obiecywał prezydent?

No, niezupełnie. Bagsika nie skazano za oscylator, bo już wtedy stwierdzono, że nie ma takiego przestępstwa, a system bankowy nie jest osobą prawną, a nikt nie zgłosił ubytku mienia. NBP się w ogóle wycofał z tej sprawy, tak że po cichutku jakoś ten oscylator usunięto z aktu oskarżenia, zadołowano, tylko że do dzisiaj nikt o tym nie wie. To trzeba dobitnie powiedzieć. Bagsik nie siedział za oscylator. W gruncie rzeczy skazano go za łapówkę.

Za jaką łapówkę?

Miało to być 4,5 tysiąca dolarów w dziewięciu ratach wręczone dyrektorowi Banku Śląskiego w Ustroniu, który à propos był też szefem chóru kościelnego w społeczności, gdzie Bagsik funkcjonował. Bagsik dawał te pieniądze na wyjazdy chóru do Niemiec. Jak zamknęli tego dyrektora, to jest porządny człowiek, obiecano mu, że jak się przyzna do winy i obciąży Bogusia, to wyjdzie. Nie poinformowano go, że sędzia może mieć inne zdanie. Dyrektor poszedł siedzieć, po czym chciał popełnić samobójstwo. Na koniec go uniewinniono.

Dziewięć lat więzienia to dosyć wysoki wyrok jak na sponsorowanie chóru kościelnego.

Uwzględniając życiorysy ludzi, którzy go osądzali i oskarżali, w ich latach świetności można było za łapówkę dostać stryczek. Nie zauważyli, że czasy się trochę zmieniły. Nie zmienił się natomiast sposób myślenia tych panów.

Trochę się chyba zmienił. Prokurator Kazimierz Radomski, który was ścigał, kiedy wyjechaliście do Izraela, mówił w wywiadzie prasowym, że on się zastanawia i dochodzi do wniosku, że oscylator nie był przestępstwem.

To za co nas ścigał?

Stwierdził, że przestępstwem było wystawianie czeków bez pokrycia.

Jeszcze chyba nie wiedział, że w polskim prawie nie ma czegoś takiego jak czek bez pokrycia. Bankowcy uświadomili mu później, że to może było w komunizmie, ale dzisiaj mamy do czynienia z normalnymi czekami rozrachunkowymi, które są obietnicą zapłaty. Jak nie ma pieniędzy, to jest tzw. zwrotny czek albo są czeki, które są potwierdzone, gwarantowane. Myśmy tymi czekami operowali, tam było pokrycie dlatego, że za pierwszym czekiem był depozyt. Nie będę teraz wchodził w szczegóły, ale samo określenie „czek bez pokrycia" jest powiedzeniem żargonowym, a nie prawnym, i nic nie oznacza, bo nie ma czegoś takiego jak czek bez pokrycia, nawet dzisiaj. Może pan mi dać czek, ja go dam do banku, bank stwierdzi, że pan nie ma środków – i nie jest to z pana strony przestępstwo z Kodeksu karnego.

Mogę pana bezkarnie oszukać?

Na drodze karnej nie mogę pana ścigać, jedynie według Kodeksu cywilnego. Idę wtedy do sądu o zwrot tej sumy pieniędzy. Czeki bez pokrycia czy karalny oscylator to pojęcia wpojone przez prokuraturę społeczeństwu za pośrednictwem mediów. Inaczej mówiąc, to stan świadomości medialno-społecznej. Tak głęboko zakonserwowany pogląd, że w zasadzie nie do wymazania.

Właśnie wymazuje pan.

Jestem wdzięczny za te pytania, ale to i tak nic nie zmieni, bo po prostu będzie pan nadal tkwił w przekonaniu, że ja kłamię, a prokurator mówił prawdę. Ostatnio w jakiejś gazecie napisano, że oscylator to było wielokrotne oprocentowanie tego samego depozytu. To już jest mistrzostwo świata.

A widzi pan, są lepsi ode mnie.

Nic osobistego, panie redaktorze. Ja to w dobrej wierze mówię, bo skoro tak prestiżowy dziennikarz jak pan nie ma możliwości obrony przed stereotypami, to nadal kreacja z tamtych lat, że Art-B było największą aferą III Rzeczypospolitej, będzie zatruwać świadomość.

Mam nadzieję, że nie zadaje mi pan pytania, jak to się stało, bo nie wiem.

Nie, nie, ja tylko stwierdzam fakty. Minęło 25 lat i nic się nie zmieniło. A z czasem będzie coraz gorzej, bo co kogoś obchodzi, jak to kiedyś naprawdę było. Wciąż będzie pokutował pogląd, że Gąsiorowski z Bagsikiem prowadzili kryminalną działalność, która zaburzyła podstawy bankowości i funkcjonowania państwa polskiego. Tak już zostanie na zawsze.

Ale Bagsika nie skazano za zamach na bankowość i podstawy państwa.

To prawda, sędzia nie uznał zarzutów oscylatora za wiarygodne. W moim przypadku prawomocnym postanowieniem zawieszono postępowanie w tej sprawie, dzięki temu mogłem przyjechać do kraju. I taki był finał afery oscylatora. Nagle i niespodziewanie przestał być nielegalny.

Jak poznałem ofiary Holocaustu

Wróćmy do wątku izraelskiego. Kiedy pan już tam zamieszkał, czy poznał pan tych Żydów ze Związku Radzieckiego, którzy także przy pana udziale – dzięki międzynarodowej operacji „Most" – trafili do Izraela?

Tak, to był nawet powód, dla którego dopiero w Izraelu nauczyłem się języka rosyjskiego. Poznałem tych ludzi, a szczególnie grupę, która przyjechała, będąc już w starszym wieku. Kiedyś przeżyli Holocaust. Znaleźli się w Izraelu, zrzekając się obywatelstwa ZSRR i praw emerytalnych. Tu korzystali z zasiłku jak nędzarze. W Izraelu zaraz po ich przyjeździe ceny mieszkań poszły w górę, wzrosły koszty życia i oni wszyscy znaleźli się pod kreską, poniżej progu ubóstwa. Kiedy to odkryłem, stałem się ich orędownikiem. Rozpocząłem działalność charytatywną, założyłem organizację Helping Hand Coalition działającą na rzecz osób pokrzywdzonych i potrzebujących pomocy, ofiar represji ze względów rasowych, wyznaniowych i politycznych, ofiar systemów totalitarnych, w tym – ocalonych z Holocaustu. Stanąłem na czele ruchu zrzeszającego 100 tysięcy osób, które są emigrantami z byłego

Związku Radzieckiego i którzy przeżyli Holocaust. Ten ruch zrzesza 250 organizacji. Z tej racji stałem się w Izraelu osobą publiczną mającą kontakty na szczeblach rządowych. To spowodowało, że po latach starań wymogliśmy na rządzie po raz pierwszy w historii, że przyznał imigrantom z ZSRR, którzy przeżyli Holocaust, rekompensatę w postaci miliarda szekli.

Za co ta rekompensata?

Wyrównanie ich miesięcznych dochodów. Wyjeżdżając z ZSRR, musieli zrezygnować z przysługujących im rent i zasiłków, pozostawili tam cały swój majątek. Przyjechali z niczym. W międzyczasie koszty życia w Izraelu podskoczyły o ponad 120 procent. Przyznany z początku limit miesięcznej zapomogi nie wystarczał, aby przeżyć cały miesiąc. Pod względem socjalnym wszyscy się kwalifikowali do otrzymania dodatkowej pomocy, bo żyli wyłącznie z zasiłków społecznych. Już nie mogli pracować, dorobić lat pracy do emerytury, nie nauczyli się języka i stworzyli enklawę wykluczonych i zapomnianych. Była to armia ponad 200-tysięczna. Teraz to się już zmniejsza, bo co pięć minut umiera jedna z tych osób.

Jak to się stało, że pana wybrano na prezydenta tej organizacji?

Ze względu na moją działalność, bo zacząłem od tego, że w trójkę z kolegami zaczęliśmy kupować żywność i w siatkach roznosić po domach.

Potem zorganizowałem ogólnoświatową pomoc dla tych ludzi, z protestanckich organizacji. Byliśmy takim logistycznym centrum, a ja zacząłem tworzyć programy pomocy w różnym zakresie, organizować potężne imprezy charytatywne na największych obiektach w Izraelu dla dziesiątek tysięcy ludzi. Budowałem mosty porozumienia pomiędzy protestantami a ofiarami Holocaustu. Produkowałem programy telewizyjne na ten temat. Doprowadziłem do sytuacji, że stworzono rządowe programy pomocy dla tego środowiska. W końcu stanąłem na czele całego ruchu, bo dostrzeżono i doceniono moje zaangażowanie. Zacząłem być honorowany, zapraszany do najpoważniejszych gremiów. Posypały się medale i odznaczenia w Izraelu, Rosji i w Polsce, mam ich już z 50, łącznie z Orderem i Szarfą św. Stanisława, Krzyżem za Wolność i Niepodległość z Mieczami przyznanym mi przez ostatniego polskiego prezydenta na emigracji. A także Krzyż za Zasługi, Złoty Krzyż Wojska Polskiego – nadany przez Związek Kombatantów Rzeczpospolitej Polskiej i Byłych Więźniów Politycznych czy Medal za Honor i Ojczyznę. Prestiżowe organizacje, takie jak Stowarzyszenia Ocalonych z Obozów Koncentracyjnych i Gett, Weteranów II Wojny Światowej, Rannych Kombatantów II Wojny Światowej, Dzieci Holocaustu dla Przyszłości, Światowa Federacja Żydów Marokańskich oraz wiele innych uhonorowały mnie nominacjami do komitetów honorowych i zarządów, otrzymałem kilkakrotnie dyplom uznania nadany przez Kneset za działalność na rzecz pojednania między narodami, zostałem człowiekiem roku w wielu izraelskich miastach. Moja fundacja zrzesza 250 organizacji w Izraelu oraz kilkadziesiąt międzynarodowych, których zasięg działania to 200 krajów na świecie. Jestem współtwórcą grup medialnych dostarczających regularnie produkcję o Izraelu dla networków telewizyjnych o zasięgu do kilkuset milionów telewidzów na całym świecie. To tyle na ten temat w wielkim skrócie.

No to odsłania się zupełnie inna, nieznana twarz Andrzeja Gąsiorowskiego, człowieka ogarniętego pasją pomagania.

Ja zawsze pomagałem, tylko w Polsce cokolwiek by się robiło dobrego, nie mogło to być nawet wspomniane publicznie, bo po prostu nie pasowało do stworzonej legendy.

Imigranci z ZSRR stworzyli w Izraelu potężną społeczność. Wrośli już w to państwo?

Stali się jego silną stroną. Tu jest więcej gazet, stacji telewizyjnych i radiowych w języku rosyjskim niż hebrajskim. Trudno im było poczuć się jak w domu, bo gdy przyjechali z Petersburga, gdzie mieli 250 teatrów, a tu są cztery czy pięć, to traktują to trochę jak prowincję. Ale oni nie zatrzymują się w swoim rozwoju, tylko genialnie się integrują. Teraz są ważnym elementem całej społeczności.

A czy mają już przełożenie na izraelską politykę i własną polityczną reprezentację?

Mają swoją partię, swoich liderów, którzy wchodzą do rządów, są ministrami.

Ta emigracja dotarła do Izraela z całym dobrym i złym inwentarzem. Przyjechały na przykład gangi rosyjskie.

Z gangami to sobie tu szybko dali radę, bo jednak izraelskie służby wewnętrzne są sprawne. A te gangi rosyjskojęzyczne są łagodniejsze od gangów tunezyjskich, marokańskich, syryjskich, algierskich czy libijskich Żydów, nie mówiąc o lokalnych arabskich gangach. Tamci to się dopiero rżną.

A jak się udało wdrożyć ich w dosyć sztywne zasady życia w Izraelu, na przykład w obowiązek służby wojskowej dla każdego?

Oni wchłaniają wiedzę z powietrzem i mają nieprawdopodobną zdolność asymilacji. Są championami we wszystkim, do czego się wezmą. W armii są najlepszymi żołnierzami, na nic się nie skarżą, nie mają pretensji, bo po tym, co przeszli w Rosji, tutejsze problemy traktują jak luksus. Oczywiście każde dziecko musi być najlepsze w szkole, do tego chodzić na balet, uczyć się gry na pianinie i poznać pięć języków. Narzucili Izraelowi nowy ton. Na fali emigracyjnej przyjechało do Izraela 20 tysięcy naukowców z ZSRR, same najtęższe umysły. Izrael zarobił na tym dziesiątki, jeśli nie setki miliardów dolarów, jeżeli chodzi o nabytą w ten sposób wartość intelektualną.

Tworzą jedną szóstą całej populacji?

To jest półtora miliona obywateli na 7,5 miliona wszystkich mieszkańców. Na początku nie mieli łatwo. Były duże antagonizmy, bo miejscowi traktowali przybyszy bardzo źle i z podejrzliwością. Słyszałem podobne opowieści o fali ocalałych z Holocaustu Żydów, którzy po wojnie przybywali do Izraela. Nie okazywano im współczucia, ale podejrzliwość – dlaczegoś ty przeżył, a inni zginęli, pewnie współpracowałeś z nazistami...? Później rosyjscy Żydzi przeżyli to samo. W Rosji byli przeklętymi Żydami, a tutaj początkowo traktowano ich jak głupich Ruskich. Ale mają twardą naturę i bardzo szybko wrośli w tę glebę, zintegrowali się i dzięki temu zmienili Izrael na lepszy.

Jak to się stało, że temat ofiar Holocaustu tak mocno wszedł w pana życie?

Zrozumiałem i poznałem tych ludzi bliżej, i niesamowitą pustkę, i samotność, w jakiej oni tkwią, będąc żydowskimi ofiarami Holocaustu w żydowskim Izraelu. Potworna pustka i osamotnienie plus, jak mówiłem, nędza. Odezwał się we mnie instynkt, jaki mi pozostał z czasów, kiedy byłem lekarzem, że jak ktoś potrzebuje pomocy, to ja mu pomagam. Wszedłem w ten temat – na początku małymi kroczkami, a potem stałem się liderem całego ruchu, który ich reprezentuje do dzisiaj, i to rośnie, i po prostu stało się prawdziwym sensem mojego życia.

Na czym ta pomoc polega?

Jest kilka form pomocy pomieszanych z sobą. Zwykła pomoc humanitarna, czyli pieniądze, albo wcześniej paczki żywnościowe, a teraz kupony żywnościowe. Zapewnienie opieki zdrowotnej, sfinansowanie wstawienia zębów albo zakupu okularów. Dostarczanie ciepłych posiłków w weekendy. Przekazywanie darów od osób i instytucji. Mamy też program, który po polsku bym nazwał Centra Wzajemnych Relacji, czyli takie grupy domowe liczące do 15 osób, które spotykają się co tydzień. To ludzie samotni, my im pomagamy wchodzić w relacje z innymi samotnymi. Organizujemy wycieczki po kraju, wycieczki zagraniczne. Zapraszamy na galowe obiady na tysiące osób z przedstawicielami naszych międzynarodowych organizacji. Działamy w 60 miastach. W 2014 roku objęliśmy pomocą 250 tysięcy osób. Lobbujemy za nimi w Knesecie.

Zaspokajacie właściwie wszystkie ich podstawowe potrzeby życiowe.

Nie, jesteśmy daleko w tyle za potrzebami. Osiem lat temu, jak zaczynałem tę pracę, to nikt o nich nie wiedział. Dziwiono się – oni jeszcze żyją? Po prostu byli zapomniani. W Izraelu nikt z władz nie miał dla nich czasu, bo tempo polityczne jest tutaj bardzo szybkie, średnio co dwa lata wybory, co pół roku jakiś kryzys polityczny.

Powierzają panu swoje historie?

Tak. Może dlatego, że nikt ich wcześniej nie chciał słuchać. Uruchomiliśmy program „Głos żywych", na wideo nagrywaliśmy ich wypowiedzi i przez zaprzyjaźnioną stację telewizyjną TBN pokazywaliśmy codziennie na cały świat. Dzięki temu mówią do ludzi na całym świecie.

Opisują to, co ich spotkało w czasie Holocaustu?

Tak, to była ich największa potrzeba. Większość żaliła się, że dotąd nie znaleźli ani jednej osoby, której mogliby swoje życie opowiedzieć. A takie opowieści są dla nich intensywną psychoterapią. Pod koniec życia otworzyła się możliwość zrzucenia z siebie strasznego bagażu pamięci.

Istnieje archiwum tych nagrań?

Właśnie tworzymy specjalny program online'owy. Zmobilizowaliśmy już wszystkich wolontariuszy, żeby do ostatniego żyjącego człowieka zebrać te historie, zindeksować je i zachować na zawsze.

Opowiadanie o Holocauście nie stanowiło dla tych ludzi emocjonalnego problemu?

Nie, na odwrót. Oczywiście wyzwalało duże pokłady emocji, ale na samym końcu każdy z nich z wielką ulgą mówił, że wreszcie to z siebie wyrzucił i dziękował za taką możliwość. Niejeden na koniec oznajmiał, że teraz może już spokojnie umrzeć. Nosili w sobie wielki żal, że życie tak się potoczyło, iż u jego schyłku nie mają komu się zwierzyć. Nawet z wnukami nie mogą porozmawiać, bo wnuki mówią już tylko po hebrajsku, a nie po rosyjsku.

Którą z tych opowieści zapamiętał pan jako szczególną?

Historię opowiedzianą przez Izaaka Godfingera. To on był osobą, która wprowadziła mnie w ten świat. Urodził się w Tropiu koło Nowego Sącza. Kiedy wybuchła wojna, miał 11 lat. Kolejnych prawie sześć spędził w 11 obozach koncentracyjnych. Przeżył między innymi Auschwitz, Dachau i Mauthausen. W tym ostatnim strzelano do niego podczas egzekucji, ale cudem przeżył. Nieprzytomny został stoczony do masowej mogiły. Obudził się po trzech miesiącach w szpitalu. Wierzył, że uratował go cudowny numer, który w Auschwitz wytatuował mu pewien rabin, to była liczba 161154. Po zsumowaniu cyfr wychodzi 18. W hebrajskim 18 to są dwie litery, bo to literowo się zapisuje, które oznaczają dwa słowa: masz przeżyć. Izaak strasznie narzekał, że nikt nie chce słuchać jego historii, więc mu powiedziałem, że zrobimy film dokumentalny o jego życiu i wtedy wielu ludzi go wysłucha. Film nakręcili Holendrzy, a ja zorganizowałem światową premierę. To właśnie przy tej okazji odbyło się moje pierwsze wejście w świat Holocaustu. Ze zdumieniem zauważyłem, że zaproszeni na premierę goście Izaaka mieli problemy z zapłaceniem za autobus, który ich przywiózł. Wtedy właśnie odkryłem, że grupę rosyjskich ofiar Holocaustu dopadł humanitarny kryzys. I dlatego zacząłem działać dla tych ludzi. Historia Izaaka została przesłana do Hollywood, gdzie ktoś sfinansował napisanie scenariusza za 250 tysięcy dolarów, sprawą zainteresował się sam Steven Spielberg i chciał nakręcić film na ten temat. Na razie z różnych powodów jeszcze do tego nie doszło.

Szczerze mówiąc, zafascynował mnie pan tą opowieścią. Brzmi trochę fantastycznie, nie wszyscy w to uwierzą.

Co inni ludzie na ten temat sądzą, nie ma dla mnie żadnego znaczenia. To jest mój świat i moja pasja, która mnie pochłonęła całkowicie.

Jak zostałem Izraelczykiem

Cezarea leży nad morzem?

Tak, jest nad morzem. To drugi największy port w Cesarstwie Rzymskim, wybudowany przez Heroda. Starożytne przepiękne miasto, które teraz jest notarialną własnością barona Rothschilda – formalnie nie jest więc częścią Izraela.

Całe miasto należy do barona?

To były jego kolonie. Kupił 25 kolonii od sułtana tureckiego w 1875 roku. I to była jedna z nich. Ze względu na zasługi rodziny Rothschildów w ich staraniach na rzecz powstania Państwa Izrael zostawiono im akt własności.

Pan mieszka na terenach rodziny Rothschildów?

Cały ten teren jest własnością fundacji barona Rothschilda. Mam tu kilka domów.

W jakim celu ma się kilka domów w Cezarei?

Jeden, żeby w nim mieszkać, w drugim mam biuro, trzeci jest domem gościnnym, bo miewamy dużo gości. Ten mieszkalny był własnością szefa sztabu armii izraelskiej. Jedyny w swoim rodzaju, jakich nie ma w Izraelu. Jest okrągły, wybudowany trochę dziwnie, ale bardzo funkcjonalnie. Pięć domów dalej ma willę premier Izraela Beniamin Netanjahu, zwany tu Bibi. Moim sąsiadem jest Borys Kogan – multimiliarder rosyjski, oligarcha, przyjaciel Putina, który wsławił się tym, że wybudował chyba najdroższy dom w Izraelu za 150 milionów dolarów, żeby pokazać, kto tu rządzi.

I pan z nimi wszystkimi jest zaprzyjaźniony? Jesteście na ty? Bywacie u siebie?

No, może nie aż tak, bo tutaj stosunki sąsiedzkie polegają na tym, żeby sobie nawzajem nie przeszkadzać. Natomiast poza Netanjahu z pozostałymi jestem w towarzysko-sąsiedzkich relacjach.

Mieszkaniec ekskluzywnej Cezarei, właściciel kilku domów, bywalec Knesetu. Już pan coś znaczy w tym kraju.

Chyba nie o to chodzi. Przecież tak wiele innych osób też mieszka w Cezarei, ma kilka domów i bywa w Knesecie.

Jak się wrasta w nowy kraj, w Izrael?

Etapami. Pierwszy etap to było zapoznawanie się, tak to nazwę, na miękko z Izraelem, konfrontacja pewnych wizji i wyobrażeń z rzeczywistością. To było właśnie takie poznawcze, taki scouting, jakieś sentymentalne podejście do tego specyficznego narodu żyjącego na specyficznej ziemi i w specyficznych warunkach. Miałem o nich wyobrażenie bardzo idealistyczne, efekt wychowania w rodzinie ludzi wierzących w Boga i czytających Biblię, i mających pozytywny stosunek do tego narodu. Ja wcześniej Żydów nie widziałem, przynajmniej nie zdawałem sobie sprawy, że ktoś tam jest Żydem. To było takie pierwsze zderzenie ze światem żydowskim i państwem żydowskim. Później, jak już przylecieliśmy z rodziną, po odpaleniu afery Art-B, trwałem w stanie tak wielkiej traumy, że trudno mi było skupić się na integrowaniu się z tym krajem.

Był pan człowiekiem na aucie, wrzuconym w obce miejsce?

Izrael stał się dla mnie schronem, takim bunkrem, w którym się zaszyłem. Nie za bardzo można było się gdzieś ruszyć normalnie, pojechać.

Można polubić bunkier?

Jak to kiedyś ktoś mi powiedział, na bunkier się nie narzeka, że jest ciasny czy niewygodny. Po prostu on chroni życie przed realnym zagrożeniem. To właśnie na ziemi izraelskiej przeżyłem stan ekstremalnego zagrożenia swojego życia i swojego ego. Czegoś, czego nie przeżyłem nigdy wcześniej, mam nadzieję – nigdy więcej już nie będę musiał przeżywać.

Skąd to poczucie zagrożenia?

Z Polski. Przecież uruchomiono cały mechanizm państwowy przeciwko nam, to były służby, wywiad, kontrwywiad, UOP, policja, prokuratura. Wszystko, co tylko można sobie wyobrazić. Nagle zacząłem być ścigany przez wszystkie siły piekielne. Prezydent, premier, wymiar sprawiedliwości, system bankowy, media, społeczeństwo – czy kogoś pominąłem? Chyba nie.

To było nowe doświadczenie, jakie musiał pan zdobyć, aby przetrwać?

Wie pan, jak człowiek ma 25 lat, jak wtedy Bagsik, czy 30 lat, jak ja, to wcześniej takich doświadczeń nie przechodził, to chyba jasne. Uczyliśmy się, jak sobie dać z tym radę i w ogóle jak przeżyć dzień, bo normalnie dzień się składa z trochę dobrych rzeczy i trochę złych. To norma, człowiek te złe sprawy rozwiąże i już jest wszystko okay. A tutaj non stop gnała za nami grupa pościgowa, wykorzystując cały potencjał systemu państwowego przeciwko dwóm ludziom. Więc to było najbardziej ekstremalne doświadczenie w moim życiu. To trzeba przeżyć, żeby zrozumieć sytuację człowieka nieustannie konfrontującego się ze strachem, z wszystkimi instynktami, jakie człowiek posiada w środku, w sytuacji zaszczucia i zmarginalizowania. Wszystko jedno, czy mieszkasz w luksusowym apartamencie, czy w bunkrze – i tak jesteś otoczony. Ma się biuro, prawników – i to jest w zasadzie cały świat, to jest ten ostatni punkt obrony przed nie wiadomo jakim zagrożeniem, a najgorsze, że nie wiadomo dlaczego.

To był etap pierwszy, szukanie bezpieczeństwa w bunkrze. A potem drugi etap, czyli życie bezpieczne?

Ja bym tego nie nazwał „bezpieczne", po prostu chodziło o przetrwanie. Bombardowanie nadal trwało.

Ale bunkier daje poczucie bezpieczeństwa, to pana słowa.

Po angielsku bym powiedział *protected*, „protekcja" po polsku to jest złe słowo. Czułem się chroniony, ale nie bezpieczny, bo bezpiecznie tu nie było. Zaraz zaczęły się bardzo duże animozje tu w Izraelu, bo to nie jest łatwy kraj dla ludzi, którzy mają problemy. Od razu się zaczynają problemy i to takie bardzo intensywne. W moim przypadku to trwało prawie 10 lat. To nie był taki momencik, krótka chwilka. Przez 10 lat dogniatano mnie konsekwentnie i codziennie.

Życie w małym koszmarze?

No widzi pan. Tu wreszcie się możemy zgodzić. To był koszmar, który mnie jakoś tam ukształtował. Gdzieś zgubiłem tego Andrzeja Gąsiorowskiego, który wyjechał z Polski. Naiwny, młody, jakoś tam wrażliwy człowiek, idealista. Już go nie było. On gdzieś umarł na granicy przy wyjeździe z Polski. No i musiał się odrodzić jako ktoś inny, żeby przetrwać, żeby się zaadaptować, żeby wyjść z impasu i zacząć przeciwdziałać. Nauczyć się bronić, kontratakować, żeby się dowiedzieć, żeby się nauczyć, żeby przeanalizować, dojść do jakichś wniosków i podjąć działania. I to był długi trening, trwający 10 lat. Poznałem nowe środowisko, nowych przyjaciół, nowych sojuszników. Najpierw musiałem zrozumieć ich sposób myślenia, wtopić się w ich rzeczywistość, stać się częścią tej nowej rzeczywistości i przetrwać. To była wojna, to była walka o przetrwanie.

Mówił pan, że w człowieku siedzą dwa wcielenia: dobre i złe, które są jak dwa psy. Zwycięża ten pies, którego się lepiej karmi.

W każdym człowieku siedzą te dwa psy. Jak się jest księdzem czy gangsterem na ulicy, to też ma się w sobie dwa psy. Żeby zwyciężył dobry pies, trzeba dokonać transformacji osobowości, przebudować świadomość, znaleźć odpowiedni punkt widzenia i świat wartości, no bo to wszystko nas determinuje. Kiedyś, jeszcze w Polsce, było prościej. Człowiek wstawał każdego dnia i pędził przed siebie. Chciał pomnażać, popełniał błędy i płacił za nie – wszystko jedno, ale szedł do przodu, dawał ludziom pracę, płacił podatki, malował polską flagę na ogonie swojego samolotu, bo był dumnym patriotą. Tutaj trzeba było to wszystko przewartościować i to bardzo szybko, żeby po prostu nie wpaść w schizofrenię, aczkolwiek w pewnym momencie doszedłem do wniosku, że muszę wprowadzić się w stan sztucznej schizofrenii. O sobie, tym z przeszłości, który wyjechał z problemami z Polski, mówić jako o kimś dalekim, w trzeciej osobie. Po prostu odciąć się od siebie, sięgu, wydarzenie wywołujące zgorszenie i oburzenie". W związku z tym, żeby wzbudzało kontrowersje społeczne, to trzeba je nagłośnić i nagłośnienie polega na tym, że się feruje wyrok, zanim ten wyrok zapadnie w sądzie. I wszyscy już mają wyrobione zdanie. Później już nie jest ważne, co się dzieje w sądzie. Populacja ludzi, która jest poddana temu działaniu socjotechnicznemu, już jest zindoktrynowana na zawsze. Współczesna psychologia określa, że jednostka będąca ofiarą tego typu długotrwałego procesu zostaje skutecznie wyalienowana z danego społeczeństwa i pozostaje na zawsze w społecznym stereotypie jako negatywny i obcy element. Doprowadza to do wystąpienia utrwalonego i nieodwracalnego w skutkach klinicznego zespołu odrzucenia. Afera nie jest pojęciem prawnym. Afera jest pojęciem stricte medialnym. Istotnym narzędziem manipulacji opinią publiczną są środki masowego przekazu, wykorzystujące ogromną populistyczną medialność tematyki aferalnej wśród szerokiego społeczeństwa, żeby zwielokrotnić swoje zyski poprzez zwiększenie nakładu albo oglądalności.

I te wszystkie krzywdy, większe i mniejsze, tak wpłynęły na pańską psychikę, że Polska nie jest już krajem, za którym pan tęskni?

Kiedy w Izraelu w Święto Paschy podłożono bombę w kawiarni w Netanji, gdzie zginęło strasznie dużo osób, pierwszy wpis pod tą informacją brzmiał: „Szkoda, że nie rozwaliło Gąsiorowskiego". To tyle na temat relacji z Polską.

Jak trafiłem do aresztu

Polska taka, siaka, niedobra. Ale gdy w Izraelu, bodajże w 1996 roku, pana aresztowano, to tamtejsze media też pisały o Gąsiorowskim jako o oszuście i złodzieju.

Nie wartościowały i nie wydawały wyroków. Pisały, że zostałem aresztowany, pod zarzutem popełnienia czynu, który zaburza gospodarkę Autonomii Palestyńskiej oraz uderza w świat finansów Bliskiego Wschodu (!). Nie wiem, co Palestyńska Autonomia miała do tego, ale tak to określano na podstawie wrzutki z policji. Później to sprostowano, a potem wyszedłem na wolność i sprawa się skończyła. Pisali po prostu o tym, co było. Natomiast nie rzucano epitetów, nie ferowano wyroków, nie tworzono aferalnej histerii, tylko opisywano fakty, na bieżąco.

Ale sąd pana skazał. Znalazł jakąś winę?

Nie skazał, bo nie miał za co. Skończyło się wyrokiem kompromisowym. Ja przyznałem się do winy – jaką jest brak współpracy z policją. Okazało się bowiem, że to była prowokacja policyjna. Później dowiedziałem się, że ta cała sprawa była pięknie zorganizowaną akcją polskich służb. Skończyło się dobrze i sprawa do dzisiaj nie ma żadnych reperkusji. Nie ma mnie w rejestrze osób karanych.

Ale zdaje się, że też padało określenie, że pan jest zagrożeniem dla miejscowego systemu bankowego. Tak jak w Polsce.

Cały ten ping-pong izraelsko-polski był generowany przez dobrze zorganizowaną szajkę dziennikarzy polsko-izraelskich, którzy pisując tu i tam, doprawiali mi gębę. Ale kiedy później policja izraelska wycofała się z oskarżeń, nie zostało już nic i nawet medialni oszczercy zamilkli.

Ta sprawa była związana z osobą pana Meira Bara.

Nie tylko. Także z osobami, które przyjeżdżały z Polski i się tu kręciły wokół mnie. Rzeczywiście Bar snuł z nimi jakieś chore wizje na różne tematy. To było stymulowane z Polski, żeby sprowokować sytuację, która może się dla mnie bardzo źle skończyć. Przy Barze pojawił się pewien młody izraelski pseudohaker. Później wyszło szydło z worka, że był chory psychicznie. Schizofrenia hebefreniczna. Bardzo szybko został namierzony przez policję i poszedł na układ. Miał obciążyć innych w zamian za darowanie grzechów.

Obciążył też pana?

Mnie nie, ale Meira Bara, a jego wiązano ze mną. Nigdy się nie spotkałem z tymi ludźmi, poza

Barem, którego faktycznie znałem. Rozeszła się wieść, że w Izraelu działa polska grupa przestępców bankowych. Ale nawet w tych przekazach rzekomo szefem miał być Meir Bar, a nie ja.

To była grupa fałszerzy kart?

To bardziej skomplikowane. Nie fałszowano karty, ale zajmowano się szukaniem algorytmu. W skrócie chodziło o to, że każdy PIN ma tylko 4 cyfry, a to daje 10 tysięcy kombinacji. Jeżeli mamy dwa miliony kart, to na jedną kombinację przypada 20 kart. Ten „haker" rzekomo znalazł taki system, że na jedną kartę może ściągnąć pieniądze z 20 kart, to miał być jego patent. Próbował to zrobić i od razu wpadł, nie zdążył nikomu nic ukraść. Został objęty programem policyjnym. Mnie też chciano objąć takim programem, ale odmówiłem. Oświadczyłem, że nie będę współpracował z policją jako świadek koronny, bo jest to sprzeczne z moimi poglądami i etyką. W Izraelu za odmowę współpracy z policją grozi 3,5 roku więzienia. Byłem gotów ponieść taką karę.

Za odmowę współpracy z policją?

Tak. Odbył się sąd i skazano mnie za tę odmowę na pół roku pracy społecznej. Tak że tak się zakończyła sprawa, jak donosiły polskie media, największego finansowego wstrząsu na Bliskim Wschodzie.

I gdzie pan to odpracował?

W ośrodku dla autystycznych dzieci. Sam sobie to miejsce wybrałem, bo uważałem, że tam nie tylko będę pomagał tym dzieciom, ale i sam uleczę się z traumy. I tak się stało. Wśród żydowskich upośledzonych dzieci z czasem otrząsnąłem się z trudnych doświadczeń z żydowskim wymiarem sprawiedliwości.

W jednym z wywiadów powiedział pan, że na czas nie skończył znajomości z Barem i stąd kłopoty.

Meir Bar cierpi na nieuleczalną charakteropatię. Pojawili się dwaj panowie z Polski i go podżegali do tej zabawy z hakerem. Namawiali go, że to łatwa droga do wzbogacenia się, a on był łasy na pieniądze.

Kim byli ci przybysze z Polski?

Można rzec, znajomi z przeszłości, czyli doskonały koń trojański dla służb, jak się później dowiedziałem.

Agenci?

Wie pan, agent to za dużo powiedziane. Raczej współpracownicy.

Co się z nimi dzieje dzisiaj?

To nie ma już żadnego znaczenia.

Kim był Meir Bar i skąd się wziął w pana życiu?

On był nikim. Tutaj w Izraelu jest znany jako największy kłamca i naciągacz. Skończył teraz tak, że musiał uciec z Izraela pod cudzym nazwiskiem, bo ścigali go wierzyciele. On żył z tego, że naciągał ludzi na swoje wizje, miał straszną siłę przekonywania. W gruncie rzeczy był prostym stolarzem, mieszkał w Jerozolimie. Zawsze się z niego śmiałem, że jest drugim najbardziej znanym stolarzem w historii Izraela. On się zawsze wtedy pytał, kto był pierwszy. Pierwszy był ojciec Jezusa, syn nauczył się tego fachu, ale go nie wykonywał.

Jak pan poznał Meira Bara?

Gdy w 1990 roku otworzyły się kontakty z Polską, Bar naciągnął swoich przyjaciół na duże pieniądze, których potem oczywiście nie oddał. Zebrał chyba 250 tysięcy dolarów, które zainwestował w podróż do Polski. Ubrał się w garnitur i wylądował w Warszawie. Szwendał się, poznawał ludzi, zadawał szyku. Przez któregoś z szefów PZU poznał Bagsika. I już się przyssał do niego tak, że trudno było go odkleić. Ja w tym czasie jeździłem po świecie. Kiedyś przyjeżdżam, a tu jakiś prymitywny facet lata, zachowuje się, jakby Art-B to była jego firma. On do dzisiaj uważa, że był naszym szefem, bossem i w ogóle ta firma była jego, a myśmy byli tylko słupami. Wszędzie, gdzie się pojawił, był demonem zniszczenia i destrukcji. Nas też oszukał, zrealizował dwie transakcje, wykorzystując moje podpisy nieopatrznie złożone na dokumentach. Pieniądze nie wróciły do firmy, tylko poleciały na jego konto, a z tego konta nie wiadomo dokąd i to są właśnie te sumy – 71 milionów złotych, o których wyprowadzenie z Art-B mnie oskarżono i wytoczono głośny na cały kraj proces. Na sprawie karnej musiałem się z tego tłumaczyć. Została umorzona. To jest właśnie taki człowiek, dla którego nie ma czynu, którego by nie popełnił dla pieniędzy. Ta znajomość to dla mnie lekcja na całe życie, że nie wolno sobie pozwolić na kontakty z ludźmi takiej proweniencji.

Nadal nie rozumiem, dlaczego, jak pan twierdzi, w ogóle bez związku z aferą z algorytmami kart bankowych, został w to wmieszany?

Bo w tamtym czasie pracowałem nad wspólnym programem z rządem Izraela, jak rozwiązać problem nielegalnych pracowników z Polski. Było ich 10 tysięcy i wciąż przybywało. Zaczęto organizować łapanki, wsadzać do więzienia, wszczynano procedury ekstradycyjne. Wymyśliliśmy z moim izraelskim partnerem, że jak dostaniemy od rządu koncesję na wydawanie wiz pracowniczych tym ludziom, za opłatą oczywiście, no to się problem rozwiąże, bo większość z nich pójdzie na ten układ. No i już byliśmy na końcówce tego wszystkiego, podpisane były listy intencyjne, założyliśmy firmę, mieliśmy dostać koncesję, ale nieopatrznie napomknąłem o tym Barowi, a on oczywiście puścił dalej, że te 10 tysięcy Polaków będzie kradło karty bankowe po nocy i przychodziło się rozliczać. Proszę sobie to wyobrazić, że banda złożona z 10 tysięcy ludzi w nocy musi przyjechać do jednego punktu i się rozliczyć z kart, które niby mają nakraść. Mnie przedstawił jako postać kluczową, bo to ja miałbym te tysiące Polaków zorganizować. Nawet sędzia się zdziwił i spytał, po co ci polscy nielegalni, jak w Izraelu przebywa tylu Arabów.

W końcu wygrzebał się pan jednak z tych kłopotów. Wyniósł pan z tego jakąś naukę na przyszłość?

Moi bardzo wysoko postawieni izraelscy przyjaciele powiedzieli: „Słuchaj, nie jesteś jeszcze wyklęty, bo w tym kraju wszyscy sławni ludzie albo siedzieli, albo siedzą, albo będą siedzieć, łącznie z prezydentami, premierami i szefami sztabu generalnego, więc się tym tak za bardzo nie przejmuj. Natomiast musisz jedną rzecz zastosować – piłę tarczową i odciąć wszystko, co było przeszłością, a potem zacznij wszystko od nowa. Stwórz nowe portfolio kontaktów z ludźmi, którzy są bardzo wysoko postawieni, którzy cię szanują, i oddaj im ten szacunek poprzez niewprowadzanie więcej tego typu ludzi jak Meir Bar w to środowisko, w którym jesteś". Zastosowałem się do tych rad i od tego czasu jestem bardzo konserwatywny, jeżeli chodzi o krąg osób, z którymi zawieram znajomości. Nie dopuszczam nikogo, kto nie jest ze świata, który jest mi znany, bliski i zaakceptowany.

Czyli Meir Bar nie ma do pana wstępu?

Ani pan Bar, ani inni jemu podobni. Natomiast moja baza kontaktów to kilka tysięcy czy kilkanaście tysięcy ludzi, którzy są prezydentami firm, szefami czy członkami rządów. I to jest mój świat. Albo ludzie z moich wspólnot chrześcijańskich. I jeszcze jedno: zarówno w Izraelu, jak i w Polsce mam zaświadczenie o niekaralności. Mam to na piśmie.

Czy to prawda, że Bar wylądował w końcu na Ukrainie?

Tak, i tam nadal oszukuje, naciąga, udaje, że jest szefem polskiej grupy. Jego psychoza trwa dalej, bo to jest nieuleczalne.

Powraca czasem do Izraela?

Nie, bo jakby tu wrócił, to poszedłby siedzieć do więzienia za długi.

Jak uznano mnie za antysemitę

Dokonał pan wyboru i został obywatelem Izraela. Posługuje się pan językiem hebrajskim?

Hebrajski codziennie szlifuję. Natomiast w Izraelu poznałem przede wszystkim rosyjski.

Na jaką partię polityczną pan głosuje?

Tutaj się nie głosuje na partię, tylko na liderów. Jestem zwolennikiem mojego sąsiada, czyli premiera Bibi Netanjahu, ale też ultraprawicowego Yvette'a Liebermana i centroliberalnego Yaira Lapida, który jest bardzo zaangażowany w socjalne inicjatywy.

Ma pan jakiegoś ulubionego pisarza izraelskiego?

Tak. Autorzy ksiąg Biblii. Współczesna izraelska literatura mnie nie wciąga, chociaż jest tutaj wielu ciekawych pisarzy, każdy z innej strony świata. Są pisarze, którzy mają korzenie węgierskie, polskie, rosyjskie. Ostatnio metodą Zuckerberga postanowiłem, że sobie zainstaluję w iPadzie 20 książek i chociażby się świat walił, to je przeczytam. Na razie bardziej idę w kierunku muzyki, bo muzyka jest moją pasją. Zresztą sam jestem producentem muzyki, organizuję eventy muzyczne, filmy, produkcje telewizyjne. To moja najnowsza pasja. Jestem producentem telewizyjnym, organizuję duże gale i koncerty z Izraela transmitowane do 200 krajów świata.

Dopytuję o dziwne rzeczy, bo chciałbym poznać te relacje między człowiekiem a jego nowym krajem, które powodują, że wrasta się w nową ojczyznę i zaczyna myśleć w kategoriach obywatelskich.

To nie są proste relacje. Gdy trafiłem kiedyś przez przypadek w dalekiej przeszłości w Izraelu do aresztu, to był mój najniższy punkt sympatii do tego kraju. Proszę pamiętać, że krótko wcześniej byłem wiceprezesem Art-B, latałem wysoko w chmurach i cudownie żyłem. Nagle trafiłem do szorstkiego bunkra na izraelskiej ziemi. To był już ciężki przeskok z jednego świata do drugiego. A kiedy mnie zamknęli w areszcie, nienawidziłem tego kraju, który uważał mnie za polskiego gangstera z białym mercedesem. Pech polegał na tym, że ja faktycznie jeździłem wtedy białym mercedesem, bo nie wiedziałem, że w Izraelu takimi wozami jeżdżą tylko gangsterzy. Później było 10 lat leczenia się z urazu antyizraelskiego. Nie miałem możliwości gdzieś indziej wyjechać, tylko musiałem w tym kotle siedzieć i ponosić konsekwencje tego, co się stało. Przez 10 lat musiałem się odbudowywać. Siebie i swoją reputację. Aż poznałem te osoby, które przeżyły Holocaust, przy których wszystkie moje problemy, i z Polski, i te z więzienia, stały się niczym. Jak zobaczyłem ich świat i to wszystko, co oni przeżywali, to nabrałem pokory. To mnie ukształtowało takiego, jakim jestem dziś.

Nienawidził pan Izraela?

Uważałem, że postąpiono ze mną nie fair, i w zasadzie stałem się antysemitą. Nawet im to wręcz powiedziałem i za to chciano mnie znów posadzić.

Za antysemityzm?

Za arogancję. Pani psycholog, która mnie badała na zlecenie sądu, powiedziałem, że po wyjściu na wolność wyjadę z tego kraju na zawsze. Spytała dlaczego? Odpowiedziałem cynicznie, że nie chcę już więcej tu sprawiać zamieszania i fatygować izraelski wymiar sprawiedliwości, sędziów, policję, prawników i psychologów. Wtedy stwierdziła, że jestem antyizraelski, i zarekomendowała sądowi najwyższy wymiar kary w celu przymusowej resocjalizacji, przewidziany za przestępstwo odmowy współpracy z organami ścigania, czyli trzy i pół roku więzienia. Dlatego po tym wszystkim potrzebowałem 10 lat, żeby spotkać tego Izaaka, zrobić o nim film i zrozumieć inny wymiar Izraela.

Jak rabin Rentgen uratował mi życie

Gdy izraelscy przyjaciele doradzili, żeby piłą tarczową odciął pan przeszłość, kogo pan skreślił z listy znajomych? Bagsika?

Bogusia nigdy bym nie skreślił. Ale wyciąłem gdzieś tak z 98 na 100 dawnych tak zwanych przyjaciół. 98 procent otoczenia – tak za pierwszym zamachem.

Został pan całkiem samotny, z tego wniosek.

Właśnie nie. Pojawili się nowi ludzie. Zaakceptowali mnie, a ja na nich nigdy się nie zawiodłem. Na przykład polscy Żydzi wypędzeni w 1968 roku. Powiedzieli: „Nie damy cię" na zasadzie takiej solidarności, bo też uznali mnie za wypędzonego. Przygarnęli mnie na zasadzie przekory. „Plują na ciebie, to chodź z nami, będziesz siedział w pierwszym rzędzie, damy ci medal, damy ci pozycję". To było to, co mi uratowało życie. I pewien rabin też uratował mi życie.

Jak rabini ratują ludzkie życie?

Generalnie to nie wiem, ale ten po prostu stwierdził, że ziemia izraelska mnie wchłonęła. Dał mi glejt akceptacji. Przeprowadził teologiczny wywód, aby potwierdzić, że jestem wybrany przez Boga. Mówił o przymierzu Boga najpierw z ziemią, potem z ludem. Najpierw Bóg sobie wybrał ziemię, pustynny kawałek, nie wiadomo dlaczego akurat ten. Potem stworzył człowieka. Ziemia, w przeciwieństwie do ludu, ma jakby swoją tożsamość, która się przejawia w tym, że ma wolę, siłę duchową i sprawczą. I ziemia wybiera jednostki, które mają bardzo dramatyczne losy. A jak ziemia sobie kogoś wybierze, to on chcąc nie chcąc, wypełnia jej wolę i wpływa na zmianę biegu historii tej ziemi. I ten rabin powiedział, że ja jestem taką osobą wybraną przez ziemię.

Trochę to mistyczne. To nie pan wybrał Izrael, ale na odwrót. Poczuł się pan wybrańcem tej ziemi?

Powiedziałem mu, że wszystko fajnie, ale dlaczego ja, co dalej i o co tu chodzi? Dowiedziałem się od niego, że moja misja ma coś wspólnego z osobami, które ocalały z Holocaustu. Będę ich pocieszycielem. Gdy później odkryłem, że w żydowskim Izraelu Żydzi ocaleni z Holocaustu cierpią głód, to całą swoją energię przeniosłem na tych ludzi. Stałem się ich głosem we współczesnym świecie, który ich już nie zauważał. Spowodowałem, że zaistnieli jako ktoś godny najwyższego szacunku. Stałem się jednym z tych, którzy doprowadzili do sytuacji, że rząd przyznał im miliard szekli.

Tym samym słowa rabina sprawdziły się. Pocieszył ich pan.

Przypadek rabina nie jest wyjątkowy, bo są wśród nas osoby znające przyszłość. Moją matkę Bóg obdarzył darem przewidywania, co ratowało życie na Wołyniu całej jej rodziny przez cały okres okupacji, bo wiedziała zawsze dokładnie, że zaraz przyjdą banderowcy, żeby mordować. Miała wtedy cztery lata i informowała dorosłych, aby się ukryć. Przyjechała kiedyś do pałacyku w Pęcicach, gdy byliśmy u szczytu powodzenia. Zaczęła płakać i przepowiadać, że wszystko to przeminie, że będę widział całe swoje bogactwo przez szybę, że nie będę mógł z tego korzystać, że będę chodził wiele długich lat przez pustynię. Takie hiobowe wieści mi przywiozła. Śmiałem się: „Co mi tu opowiadasz, ja mam 600 firm, nawet jak się 590 zawali, to i tak jestem górą". No i jej słowa się sprawdziły. Jeden podpis prokuratora – i jak za szybą.

Miał pan wyjątkowo przenikliwą matkę.

Powiedziała mi wtedy jeszcze, że będę szedł długą drogą, a potem to wszystko, co złe, pęknie jak bańka mydlana. I sobie będę mógł siedzieć w tym Izraelu bezpiecznie, ale przez długie lata świat będzie dla mnie niedostępny. Przewidziała, że trudno mi będzie o radość z wolności. To tak jak Abraham, kiedy miał dziecko, jak miał sto lat. Po co komu dziecko, gdy ma się sto lat?

Z rabinem miał pan więcej takich metafizycznych rozmów?

Tak. Ten rabin uzdrowił mojego umierającego na raka trzustki znajomego. Znajomy mnie poprosił:

„Pojedź do niego, niech się pomodli, może to coś da". Miał dwa tygodnie życia, bo ten rak był bardzo agresywny. Pojechałem, rabin zobaczył zdjęcie, pomodlił się, wpadł w trans. No i mówi, że już jest dobrze. Nie wierzyłem, że coś spowodował, i chciałem wyjść, ale on zaczął opowiadać, że spotkaliśmy się dlatego, bo Bóg pragnął, żeby on mi przekazał poselstwo. Nic ode mnie nie chce, ale żebym wiedział, że złe przeminie i na końcu będą mi pieniądze zwrócone, spora suma.

Wymienił jaka?

Tak.

A kiedy to będzie?

Powiedział, że to będzie bardzo długo trwało i choćbym robił nie wiadomo co, żeby uciec od tej ziemi, to ona i tak mnie przytrzaśnie i nie wypuści. Im bardziej się będę starał rozwiązać problemy, tym większe je będę miał. Aż przyjdzie czas naznaczony. Wszyscy moi prześladowcy przeminą. Ich władza nade mną się skończy. Ale to, co mam dokonać, pozostanie na długo. Słucham tego wszystkiego – ziemia, jakieś kabalistyczne dziwne rzeczy. Potem, że odzyskam ogromny majątek i on będzie wart tyle i tyle. Pytam: „W akcjach czy w gotówce?". To on znowu wpadł w trans. Jak ktoś mi podaje sumę, to chcę być dokładny. „W gotówce". „A przed czy po opodatkowaniu?". Znowu w trans. „Po opodatkowaniu". Poleciała gigantyczna suma. Okay. Pomyślałem sobie, że nawet jak nie dojdę do tego w życiu, to przynajmniej mam jakiś cel, do którego będę dążył.

Wychodzę: „Dziękuję, ile się należy?". „Ależ nic, pamiętaj tylko, że ja ci to pierwszy powiedziałem".

A co ze znajomym chorym na raka?

Dzwonię do niego, że rabin się za niego pomodlił. A on krzyczy: „Coś ty ze mną zrobił, dostałem jakiegoś transu, energii!". Miał długie włosy, dęba mu stanęły, zaczęły iskrzyć, wytrzęsło go i nagle poczuł, że jest uzdrowiony. Nabrał takiej siły, że – jak powiedział – mógłby mnie jedną ręką przenieść. A schudł chyba z 35 kilo. Zatrzymałem samochód i sobie myślę, że coś tu jest nie tak. To jest coś ciekawego: na odległość uzdrowić człowieka z raka trzustki. To jest jakiś znak. Zacząłem sobie to zapamiętywać, zapisywać i to mi pozwoliło uratować się przed szaleństwem z osaczenia.

Groziło panu szaleństwo?

W pewnym momencie, jak człowiek jest w potrzasku i nie ma wyjścia, to przechodzi wszystkie fazy klinicznego zespołu odrzucenia: zaburzenia samoświadomości i poczucia własnej wartości, potrzeba przynależności społecznej, wartości egzystencjalnej, antysocjalne odruchy, pejoratywne postrzeganie otoczenia, ambiwalentność emocjonalna, permanentna inkoherencja myślowa, autodestrukcyjne tendencje i nastroje samobójcze – wynikające z tego wszystkie psychosomatyczne schorzenia. Depresja jest jednym z elemencików takiego stanu. Potem zacząłem to wszystko analizować i powiedziałem sobie, że jestem normalny, bo przechodzę klasyczny zespół objawów klinicznych. To jest mój świat, w którym ja cierpię. Coś się dzieje, bo tu jest mój świat metafizyczny. W tym świecie spotykam tych z Holocaustu, stapiam się z losami narodu żydowskiego, a tu mam jeszcze wiedzę, że jest ta ziemia, przymierze z Bogiem. Zacząłem wchodzić w tę wiedzę, że ten świat mój z tymi problemami był na zasadzie alarmu, jak coś się działo, wracałem do niego, a jak nic się nie działo, to tego świata dla mnie nie było. To był taki dryf. Ten Izrael to nie był taki, że ja tu muszę pracować, uczyć się po hebrajsku – mam tylko obserwować, uczyć się percepcji tego świata przez swój pryzmat. Wtedy nie wiedziałem po co, a dziś wiem.

Po co?

Między innymi po to, żeby tak naprawdę zrozumieć Izrael. Żeby to podać dalej na cały świat. Izrael to jest brand tysiące razy większy niż Apple czy Google. Wszyscy reagują na ten Izrael i nikt go nie zna. Wszyscy znają tylko te ochłapy informacji pokazywane w BBC czy CNN. Postanowiłem sam ten kraj pokazywać. Jak wspominałem, jestem współwłaścicielem grupy produkcyjnej na rzecz największego networku telewizyjnego na świecie, który już teraz nadaje do miliarda ludzi codziennie. Ja sobie wrzucam te nasze produkcje na zasadzie hobby. Ale to już nie jest hobby, to już jest bardziej realne niż całe Art-B.

Lansuje pan Izrael, w porządku. Ale co z tym cudownym rabinem? Można go wynająć do jakiejś magii?

To byłby bardzo trywialny pomysł. On pochodzi z rodziny marokańskich rabinów – rodziny Ifergan. Nazywają go Rentgen – ten, co widzi w przód i w tył.

Rentgen?

Tak na niego mówią, bo on wszystko prześwietli. To jest ród kapłański od czasów pierwszej świątyni wybudowanej przez Salomona, który się modli od wielu pokoleń za kraj, żeby przebłagać Boga, aby ludu nie karał. Tutaj są bardzo proste relacje: jak naród żyje z Bogiem, to jest okay, a jak zaczynają iść tam, gdzie nie trzeba, to jest uderzenie, czasami bolesne. Rabin i jego rodzina to są ludzie, którzy tylko temu się poświęcają, i z ojca na syna przechodzi taki dziwny dar, że widzą przeszłość, przyszłość, uzdrawiają, nawet były przypadki wskrzeszenia martwych. Takich rabinów jest tutaj dużo. Oni mnie potem wciągnęli w ten krąg nieznanych mi uprzednio rytuałów. Dziwnie się na to patrzyłem z boku. To była moja integracja z tym światem, do którego nie muszę należeć, ale mogę go rozumieć, widzieć, że on istnieje i szanować. Na początku to jest taka arogancja, bo ja jestem skądinąd, wierzę inaczej. Ale potem mówię: „Zaraz, kim ja jestem? Mój świat jest tam gdzieś, nie mam już więcej do niego dostępu. Moja reputacja jest zniszczona, nie mogę, i już nawet nie chcę, tam wrócić. A tutaj mam wsparcie w stu procentach, więc mogę się odbudować, zregenerować, zrozumieć siebie". To był mój prywatny okres, długi, 23 lata studiów świata nieznanej mi metafizyki. Chciałem poznać, co to jest, jaki to ma wpływ na mnie. By dojść do stanu absolutnego zrozumienia, że jedyne i najważniejsze, co w życiu posiadam, to jestem ja sam, moja rodzina, mój Bóg. Nic więcej ponad to. I powiem szczerze, że to było to, co mnie ukształtowało. Dało mi siłę do działania w sytuacji, kiedy normalny człowiek nie jest w stanie się podnieść i być aktywny. Po tym jak doświadczył zniesławienia, pozbawienia godności i głośnego na pół świata oskarżenia.

I wygnania.

I wygnania z wszystkimi konsekwencjami.

Jak oddaję Bogu dziesięcinę

Już pora, żeby porozmawiać o stanie posiadania. Co pan ma, ile i dlaczego?

Bogactwo jest stanem umysłu. Stan posiadania każdego człowieka to też kategoria trochę mistyczna. Nie można przeliczyć majątku na szczęście, bo ono nie zależy od liczby posiadanych samochodów. Szczególne znaczenie ma to zwłaszcza w ostatnich momentach życia każdego człowieka. Czasem wystarczy mieć pieniądze na zapłacenie bieżących rachunków i tak żyć, żeby te rachunki były na odpowiednim poziomie. I tutaj mam szczęście, bo wszyscy moi nowi przyjaciele obracający majątkami wartości miliardów dolarów żyją na tak spartańskim poziomie, że można było się dostosować. Nie tak jak w czasach Art-B, że musiały być pałac i helikopter jako podstawa egzystencji. Tylko to, co się ma, tworzy standard człowieka. Załóżmy, że jak się ma tyle, żeby pokryć rachunki, to jest punkt A. Ja jestem w punkcie B, czyli mam coś ponad te rachunki.

Coś, czyli co?

Wytworzona wartość materialna i niematerialna. To są też rzeczy określone lub nieokreślone. Mój świat i moje życie. Biznes, w którym działam. Projekty, które realizuję. Możliwość podejmowania decyzji w kontekście działania i ich skutku. Załóżmy: posiadaliśmy akcje Banku BRE. Dla likwidatora one są nic niewarte, ale dla mnie one będą warte niedługo 7 procent aktywów Banku BRE. Dziś ten bank jest wart kilka miliardów dolarów, więc siedem procent to jakaś wartość... Ja nie muszę sam o nie walczyć, tylko przekonać na przykład prawnika takiego kalibru jak Alan Dershowitz, który jest autorytetem na skalę światową. Wiem, że za 10 procent odzyskanej kwoty bardzo chętnie się tą sprawą zajmie i wyciągnie te pieniądze. To może trwać 10 lat, 20. Nie szkodzi, on poczeka i ja też.

Zainwestuje w pańską sprawę swój czas i pieniądze?

Zrobi to. A ponieważ on jeszcze nigdy nie przegrał żadnej sprawy oraz ma kilkuset doskonałych prawników, to jestem spokojny o wynik.

Dershowitz jest taki skuteczny?

Tak. W przeszłości Meir Bar został ujęty w Niemczech przez Interpol na mocy listu gończego z Polski za sprawy Art-B. Alan Dershowitz podjął się obrony Meira Bara, przyjechał do Polski, został przyjęty z honorami przez ministra sprawiedliwości Lecha Kaczyńskiego. Akurat wyszła książka Dershowitza, światowy bestseller – mówiono mi, że dał Lechowi Kaczyńskiemu egzemplarz, złożył autograf.

A potem skutecznie wybronił Meira Bara przed ekstradycją do Polski.

Jak chce odzyskać pańskie udziały w BRE?

Pytałem go, co mam robić. A on, że nic, tylko czekać. Przepisy się zmieniają, sytuacja polityczna się zmienia, ludzie odchodzą, a sprawa zostaje. Tyle błędów proceduralnych popełniono, że będzie od czego się odbić, a potem suche fakty, paragrafy, interpretacja i skutek. W związku z tym wszystkie te rzeczy, które zostały przejęte w sposób niewłaściwy, muszą być zwrócone. To jest majątek wymierny. Mogę czekać, aż wróci do mnie w przyszłości, ale mogę też spieniężyć go już dziś. Na przykład część takich spraw w Izraelu wygranych później przeciwko rodzinie Liebermanów, tych od PAZ, spieniężyłem za miliony dolarów. Ktoś powiedział: „Dam ci te pieniądze za pięć, dziesięć procent wartości odzyskanego majątku". Jest też w Polsce grupa doskonałych doradców gotowa podjąć się procesu o odszkodowania za to, co się z nami stało. Jeśli wygrają sprawę – może być do uzyskania gigantyczna kwota.

No to ustaliliśmy, że stać pana na rachunki i trochę więcej.

Stać mnie na rachunki, stać mnie na infrastrukturę, na działalność, na biznes.

Na przyjemności?

Przyjemnością jest praca. Możliwość samorealizacji w każdym wybranym kierunku, wolność wyboru życia i świata, w którym żyję. Podoba mi się filozofia Billa Gatesa, że można mieć wszystko, ale tak tym gospodarować, żeby przed śmiercią rozdać 99 procent majątku.

Pan też ma takie marzenie?

Tak się stanie.

Mówił pan o spartańskim trybie życia izraelskich bogaczy. Mieszkają w szałasach?

Nie tylko izraelskich. Mieszkają w luksusie, ale to jest luksus wykalkulowany. Jak on ma dom, to najlepiej, żeby go kupił z 90-procentową obniżką ceny i na raty, na przykład na 10 lat. Ja pytam: „Jak ci nie wstyd?". A on tłumaczy, że ma dlatego, że oszczędza. Co to jest kapitał? Jestem na przykład w trakcie realizacji projektu, który wymaga nakładu miliardów dolarów. Jestem liderem w tym projekcie plus mam pakiet udziałowy. Ale pieniądze nie są moje, bo jest analiza, że to wyjdzie, więc pieniądze nie są problemem.

Banki dają?

Nie. Banki są instrumentem. Są fundusze inwestycyjne. Dziś jest więcej pieniędzy niż tematów. Fundusz jest partnerem, to jest obieg giełdowy, bo mają pieniądze z innych projektów, więc nawet jak je stracą, to nie mają z tym problemu. Potrzebne są ekspertyzy, wiedza większa niż inni posiadają, to wystarczy, że ich eksperci potwierdzą, że mam rację. Jeśli tak, to zostaję liderem tematu i dostaję za niego tyle udziałów, ile jest potrzebne, załóżmy 30 procent. Załóżmy, że za trzy lata ten projekt jest wart miliard dolarów, a za 10 lat 10 miliardów dolarów. To jest kapitał. Nie fabryki telewizorów, nie mleczarnie. To jest stary typ myślenia, w który wchodzić już się nie powinno, bo tam ktoś ze służb może mi przyciąć nogi, wsadzić do więzienia, to nie jest bezpieczne. Politycy, służby, polowanie na moje błędy, bo jakiś dokument będzie źle sporządzony – niepotrzebne emocje. Jeśli natomiast pracuje się w układzie, gdzie są największe na świecie pieniądze, najlepsze biura prawne i audytorskie, to nie ma miejsca na błędy. Nie muszę oficjalnie przy takim projekcie funkcjonować i istnieć, moje nazwisko nawet nie musi być ujawnione. To jest dzisiejszy świat kapitału. To nie jest ilość gotówki na koncie, to jest ilość gotówki, którą się wypracowało dziś, i ile ona będzie warta jutro, i za ile ja mogę to spieniężyć dzisiaj. Staram się wykorzystać wiedzę, którą zdobywałem latami, gdy inni nie mieli czasu, bo wszystkie siły poświęcali swojej firmie. Mój plan jest bardzo prosty. Jak już się skończą moje problemy, to wtedy to, co straciłem w Art-B, chcę odzyskać w krótkim czasie pomnożone razy dziesięć.

To ambitnie.

Dlaczego nie. Chcę, by się stało jak z tym rabinem, który spowodował, że był rak i go nie ma. Zdaję sobie sprawę, że wszystko, co robię, wynika ze spotkania z tym rabinem, który mi pewne rzeczy przepowiedział. 90 procent się spełniło. Zostało 10 procent, które są jak ta korona wieńcząca. Rabin powiedział mi dokładnie, że odzyskam z tego, co mi zrabowano, miliard dolarów. Wtedy to dla mnie było niewyobrażalne. Mówię skromnie, że może 50 tysięcy – to będzie dobrze. Byłem wtedy w bardzo ciężkich problemach finansowych, nie wiedziałem, do czego się wziąć. I zabrałem się metodycznie, podzieliłem sobie zadania. Odrobiłem wszystkie długi. Miałem skromne środki, zabezpieczyłem je, aby stać mnie było na rachunki bieżące. Co było ponad plan, zainwestowałem w projekty, w biznes. Stworzyłem nową strukturę. I pomyślałem, że jak zarobię pieniądze, zacznę ekspansję. Jak Marco Polo ruszę na drugi kontynent, aby próbować zdobyć nowe przyczółki. A nawet jak nigdy tam nie dojdę, to i tak warto spróbować. I to właśnie przyniosło rezultat.

Już pan nie jeździ mercedesem źle się Izraelczykom kojarzącym?

Lubię lexusa 600 hybrydę. Znacznie wygodniejszy niż mercedes, ale nie chodzi o to. Mam wiele samochodów. Samochód to nie jest przedmiot statusu społecznego, to jest narzędzie pracy.

Jako zielonoświątkowiec oddaje pan jedną dziesiątą swoich dochodów Kościołowi?

Tak, ale nie Kościołowi, a na służbę Bogu. To może być na Kościół, ale może być na coś innego. Minimum 10 procent. Niektórzy dochodzą do tak skrajnych poziomów, że 90 procent oddają Bogu, a 10 sobie.

A jak się oddaje Bogu?

Starając się zrozumieć, co jest jego życzeniem w tym kontekście. Przede wszystkim nieść pomoc ludziom, którzy są w potrzebie. Trzeba też wspomagać wspólnotę, w której się żyje. Jak są potrzebne stoły, krzesła, budynek czy stacje telewizyjne, to się w to inwestuje. Oprócz pieniędzy można dać codziennie 10 procent darowizny ze swojego czasu. 24 godziny minus czas na sen i jedzenie – i od tego 10 procent. Teraz chciałbym się skupić na niesieniu pomocy mordowanym chrześcijanom na Bliskim Wschodzie, w Afryce, w Azji. To są miliony cierpiących ludzi. Holocaust chrześcijan. Z punktu widzenia wiary – wierząc, że Bóg na to patrzy – to jest największa rzecz, którą możemy zrobić. To, że nie kupię nowych krzeseł do kaplicy, to mi Bóg wybaczy, ale nie zapomni mi, że na czas nie pomogłem ludziom umierającym z głodu.

Przekazuje pan pieniądze na jakieś charytatywne konto?

Przykładowo: jak się przeprowadza jakąś transakcję, to zanim się dotknie swoich pieniędzy, część, na przykład 90 procent, przepisuje się na projekt realizowany przez daną fundację. Tu się odwróciły role, bo lepiej jest pracować z dużymi partnerami, wypracować niesamowitą ilość pieniędzy i większość oddać na cele charytatywne, a sobie zostawić 10 procent, niż próbować zarobić 100 procent, mieć przy tym negatywną energię, próbować się przebijać.

A w czasach Art-B odprowadzaliście z Bogusławem Bagsikiem dziesięcinę należną Bogu?

Fundowaliśmy wszystko, co się dało, i w każdą stronę. Dom dziecka, orkiestra i chór kościelny, datki charytatywne, pomoc chorym, szpitale, funkcjonowanie stacji dializ, kosztowne leczenie innych ludzi, budowanie szkół, kościołów, finansowanie konferencji, takich jak Good News w Katowicach (1990) czy Światowy Zlot Młodzieży na Jasnej Górze w 1991 roku podczas pobytu Papieża – w sumie miliony dolarów. To było płacenie wszystkim, którzy potrzebowali wsparcia. Mieliśmy miliardowe obroty i dzieliliśmy się zyskami.

Jak działa mój świat

Na czym polega pana praca, codzienny plan zajęć?

Uzyskiwanie informacji, ich przetwarzanie, analiza, decyzyjność w kontekście ich wykorzystania w określonych projektach. Pracuję z dużą grupą ludzi i mam do dyspozycji potrzebne biura administracyjne, prawne, ekspertów. Dużo podróżuję. Coś panu pokażę w moim laptopie, bo tego nie da się łatwo opisać słowami. Sama mapa moich połączeń to tysiące firm, kilka tysięcy nazwisk na stanowiskach decyzyjnych. I to jest mój świat, w którym się codziennie poruszam. Między innymi jestem szefem fundacji, która zajmuje się z ramienia ONZ organizowaniem festiwali.

Festiwale w jakimś celu?

Odbywają się w jednym czasie na całej kuli ziemskiej pod nazwą Dzień Pokoju. Za tym stoją wielkie budżety, przepływ kapitału i to jest tworzenie pewnego dobra niekoniecznie materialnego. Kiedyś nawet nie mogłem sobie wyobrazić, że coś takiego będzie się działo w moim życiu. To już jest inny wymiar. Uczestniczę w kilku takich projektach.

Ma pan tu jakąś gigantyczną siatkę powiązań, drabinka pełna różnych nazwisk.

To jest część programu dotycząca szczebla decyzyjnego. To, co ja robię tu i teraz, oni widzą tam, gdzie akurat są. To jestem ja, to jest wejście w system. A to mój obszar kontaktów. I tutaj mam, proszę bardzo, po kolei wszystkich tych panów, którzy są bardzo ważni, niżej są szefowie regionalni.

To są bezpośrednie łącza do tych osób?

Tak. Wszyscy, gdziekolwiek są na świecie, widzą to samo, pod warunkiem że dam im akces.

Po co pan to robi?

Żeby koordynować. Dzielę sobie zakres wszystkich dostępnych kontaktów na grupy. To jest zbiór osób, z którymi coś teraz robię. Na przykład z panem piszę książkę, to gdzieś tu muszę zapisać. To jest taka moja wirtualna pajęczyna, która nie ma końca. Ale to bazuje na konieczności podtrzymywania aktywnego kontaktu. Bo jeśli z panem nie będę się kontaktował, to zaczynanie pisania naszej historii nawet nie ma sensu. I to tak funkcjonuje. A tu mamy system zarządzania projektami. Samych projektów, które teraz są w realizacji, jest ponad 90.

Ktoś to prowadzi?

To jest w praktyce połączone z moim mózgiem, odzwierciedla mój system postrzegania. Programy automatycznego zarządzania aktywnymi bazami danych mają zadanie uzupełniać intelektualną wydolność koordynowania wielkich jednostek strukturalnych osobom na szczeblu decyzyjnym.

Wszystkie to są pana projekty?

Tak. I załóżmy, że wchodzę w bazę danych do działu administracji. Patrzę, kogo tam teraz mamy. A mam bazę kilkunastu tysięcy osób. Teraz zobaczymy, co się dzieje w wiadomościach. Każda jest od kogoś do kogoś.

Pan widzi korespondencję, którą oni się wymieniają?

Tak, bo mam najwyższe preferencje dostępu do tego systemu. Samego przepływu e-maili jest ponad 200 tysięcy w ciągu roku. Ja nad tym wszystkim muszę zapanować jak nad swoją pajęczyną. Mam tutaj też sieć spotkań. Ostatnim razem tak wyglądał mój pobyt w Polsce. Dobity do dechy. Ja nie mam czasu na nic więcej – ze spotkania na spotkanie. To, co tu jest napisane, to już jest podłączone z moim operacyjnym departamentem, oni muszą wiedzieć, gdzie ja jestem, czego potrzebuję. To jest kompletnie zintegrowany automatyczny system zarządzania z elementami sztucznej inteligencji, automatyzacji przetwarzania algorytmów wejściowych, zintegrowany z aplikacjami w platformach Big Data.

Jak odbijano Bogusia

Zapowiadał pan kiedyś, że do Polski przyjedzie najwcześniej w 2031 roku. Przyjechał pan wcześniej. Co się zmieniło?

Tak to sobie kiedyś powiedziałem pod wpływem frustracji. Wynikało to z przewidywanego terminu przedawnienia czynów, jakie mi zarzucano. Bo jaki byłby sens przyjeżdżania do miejsca, w którym panuje zbiorowe przekonanie, że jestem przestępcą? Społeczną percepcję latami tak urobiono, aby uwierzono we wszystko, tylko nie w fakty i prawdę. A potem zdarzył się jakiś cud prawdziwy, nie wiem, jak to inaczej określić. Mojemu adwokatowi Wojciechowi Koncewiczowi powiedziałem, że jest jak Don Kichot walczący z wiatrakami, wypełnia misję niemożliwą do spełnienia, czyli mission impossible. Wali głową w mur. A on tak walił, że się przebił. Przekonał prokuratora w którymś momencie, że warto pomyśleć, a nie ślepo w coś wierzyć. I prokurator przyjął w końcu jego argumenty, że nie ma czegoś pod nazwą system bankowy, czyli nie można go narazić na straty.

Domyślam się, że nie był to już prokurator Radomski?

Nie, nie. Prokurator Radomski jest już emerytem, siedzi w Kazimierzu Dolnym i kłóci się z bratem o jabłonkę i miedzę. To nie jest przenośnia, tylko fakt. Wchodził w skład doraźnie powołanego, a niemającego żadnych prawnych umocowań „komitetu inkwizycyjnego", który nadzorował likwidację Art- B. Tam były między innymi Ministerstwo Finansów, prokuratura, UOP, NBP, BHK. On był tą osobą, która dostała polecenie, żeby zająć się sprawą Art-B od samego początku. I do samego końca swojej kariery on ją nadzorował. Po tym, jak odszedł na zasłużony wypoczynek, prawnik, który mnie reprezentował, spowodował, że prokuratura uznała nasze argumenty za słuszne i wycofała się z największych zarzutów dla mnie, czyli z tego mitycznego oscylatora. W tym momencie to było dla mnie jak możliwość wyjścia z grobu. Teraz mogę się bronić, bo oscylator nie jest oscylatorem. W końcu nie jest uznany jako działalność przestępcza. A przy tej okazji dowiedziałem się, bo dano nam prawo wglądu do akt Bogusława Bagsika, że on też nie był skazany za oscylator.

Nie wiedział pan o tym?

Utrzymywano to cały czas w wielkiej tajemnicy państwowej.

To za co Bagsik był skazany?

Za wszystko, tylko nie za oscylator. Za rzekomą łapówkę w wysokości bodajże 9 tysięcy marek. Prokuratura w jego przypadku miała związane ręce, bo Szwajcarzy domagali się zarzutów kompatybilnych z prawem szwajcarskim. Okrojono więc pierwotne zarzuty, dokonując sprytnych zabiegów, że coś tam jednak przeskrobał. Ale to nie był oscylator.

Skoro znów wspomniał pan o Szwajcarii, to podrążmy ten temat, żeby zaspokoić nie tylko moją ciekawość. Podobno doszło tam do próby odbicia aresztowanego pana Bagsika. Przydarzył się jakiś napad na konwój.

Ja tylko mogę powiedzieć, jako osoba postronna, że czytałem o tym w gazecie. Nie miałem w tym momencie kontaktu z Bogusławem. Snułem różne teorie na ten temat. Później, jak się spotkaliśmy, to pewne fakty zostały wyjaśnione i przedstawione. Uważam, że był to jakiś dziwny przypadek.

Jak to wyglądało?

Nieznani sprawcy zaatakowali, jak Boguś już był zamknięty w środku pojazdu, więc logicznie rzecz biorąc, nie była to próba odbicia, a jedynie jakaś demonstracja siły. Odbija się kogoś, jak jest wyprowadzany z więźniarki albo jak jest na zewnątrz i go chcą wprowadzić. Jak już ktoś jest zamknięty i atakuje się ochronę, to w tym momencie mogą być różne teorie i każda z nich jest zła, bo prowadzi donikąd. Przyspieszenie ekstradycji – to była pierwsza moja myśl. Albo karkołomna operacja przekazania poufnej informacji o określonej treści.

Jakieś służby w tajnej misji?

Na przykład. Tylko może już nie w tajnej.

W wywiadzie z 1997 roku mówił pan, że podejrzewa, iż to mogli być sympatycy Bogusława, którzy chcieli mu pomóc.

Ja wtedy miałem zupełnie inną wersję na wszystko. Dzisiaj bym tego nie powtórzył. Jak to mówi nasz słynny Lech Wałęsa, punkt widzenia zależy od punktu siedzenia. A ja w tamtym czasie miałem zupełnie gdzie indziej siedzenie niż dziś.

Podjęto próbę odbicia Bagsika, a w gruncie rzeczy dopuszczono się mistyfikacji, żeby przestraszyć Szwajcarów?

Niekoniecznie, ale po tym incydencie przeniesiono Bogusława w gorsze warunki i procedura nabrała rozpędu.

Padły wtedy strzały?

Nie pamiętam.

Nikt nie został ranny?

Kogoś tam poturbowano. Według szwajcarskich przepisów nie jest czymś nielegalnym uciec z więzienia, pod warunkiem że nikt po drodze nie oberwie, nikt nie zostanie poturbowany. Oni zakładają, że osoba przebywająca w przymusowym unieruchomieniu ma prawo odczuwać dyskomfort i próbować zmienić otoczenie.

Wyrywać się na wolność?

Tak. Ale strzelanina i poturbowanie to już złamanie pewnych konwenansów, które działa na niekorzyść tej osoby.

Ale Bagsik sam siebie nie uwalniał.

Nie szkodzi, wtedy to jest uważane za tak zwane intencjonalne sprawstwo, bo komu innemu mogło zależeć niż tej osobie, żeby się stamtąd wydostać? Dla mnie to było dziwne, nic więcej na ten temat nie wiem. Dziwny epizod, ale spowodował trochę zamieszania i później Szwajcarzy przestali być tacy neutralni.

Jak złapać,
żeby nie złapać

Maciej Zalewski nie przyznał się przed sądem, że brał od was pieniądze i że was ostrzegł przed grożącym aresztowaniem. Mówił prawdę?

Chodzi o kontekst. Wtedy dla nas był niezrozumiały. Dzwoni ktoś z BBN, to ja jadę lekko wystraszony, bo to nie jest miła rozmowa, zwłaszcza z ich inicjatywy. Po dwóch spotkaniach czy w zasadzie dziesięciu dniach jest normalna rozmowa między człowiekiem a człowiekiem. On zajmował to swoje stanowisko, ale nikt nie wiedział, jak długo jeszcze będzie mu to dane. I nic więcej. Tam nie było jakichś konspiracyjnych teorii. Jak on sam zeznaje, i tu mu wierzę, to było po prostu rutynowe badanie ze strony jego, jako urzędnika, na zlecenie. To było wersją autentyczną bez elementów emocji. Wtedy było bardzo dużo emocji. Moje nastawienie było takie, że to oni, jego frakcja, pociągnęli za spust. Dla mnie było najważniejszą sprawą, kto pociągnął za cyngiel. Bo się czułem niewinny, nikogo nie okradałem, nie było żadnej konspiracji. Te wszystkie zarzuty. I później cała ta uruchomiona machina była irracjonalna wobec tego, co zdarzyło się w rzeczywistości.

Mówi pan o uruchomieniu machiny po waszym wyjeździe czy przed?

Po wyjeździe. Przed, to wiadomo, że każdy ma swoje problemy, kontrole urzędów i tak dalej. To jest czarna strona bycia w świecie biznesu. Ale to był chroniczny stan dyskomfortu, nic zaskakującego. Natomiast to, że potem wchodzą jednostki specjalne do Pęcic i znany dziennikarz Bazyl Lipszyc odpala artykuł w „Gazecie Wyborczej", który był złożony w redakcji, zanim służby specjalne weszły, a opisuje fakty, które dopiero miały się zdarzyć, to mnie pozbawiło świętego spokoju, bo wyglądało na doskonale zaplanowaną akcję. Padło pytanie, o co chodzi, kto pociągnął za spust. Wykonałem telefon do Biura Bezpieczeństwa Narodowego i się pytam, o co chodzi. I słyszę: „Ja nic nie wiem". Jak to on nic nie wie? To kto wie, jak to on jest najwyższy zwierzchnik. On rzeczywiście nic wtedy nie wiedział, bo to nie stamtąd poszło. Postawiłem złą diagnozę. To był mój wielki błąd.

A ten telefon skąd pan wykonał, bo już was nie było w Polsce? I kto to jest „on"?

Telefon z Niemiec, a on to Zalewski. Pięć dni po naszym wyjeździe. My dzwonimy z hotelu, że nigdzie nie uciekamy, jesteśmy tu i tu. To nie było tak, że grupa pościgowa jedzie za nami, chłopcy z UOP-u próbują nas dogonić na sygnałach. Popatrzmy, kiedy listy gończe były wydane. Za Bogusławem były chyba dwa tygodnie później dopiero, a za mną trzy miesiące. To nie było tak automatycznie, że jest list gończy, ktoś do nas dzwoni, a my uciekamy, bo jest list gończy. Nie było nakazu aresztowania ani w momencie wyjazdu, ani w momencie ogłoszenia w mediach, że Art-B ucieka.

Ale o tym, że półtora miesiąca wcześniej UOP wszczął śledztwo w sprawie firmy, musiał pan wiedzieć.

Dowiedziałem się dopiero później, czytając raport Zalewskiego, wypowiedzi Krzysztofa Bieleckiego oraz kopie materiałów operacyjnych.

Wtedy na bieżąco nic pan nie wiedział?

Nic. Ktoś nas podsłuchiwał i śledził, ale to była proza życia w biznesie. Zwykła rzecz.

Ale mogli to robić tylko na zlecenie prokuratora czy na własną rękę?

W tamtym czasie nie znałem procedur, kto mógł robić na zlecenie kogo. Dla mnie obraz był wtedy czarno-biały. Nie robimy nic złego, więc po co kogokolwiek się bać?

Jeszcze raz spytam, jaka jest prawda o ostrzeżeniu was przez Macieja Zalewskiego?

Do mnie nikt nie dzwonił. Ja nigdy nie mówiłem, że do mnie ktoś zadzwonił i powiedział: „Uciekaj, bo Zalewski mówi, że was przymkną".

Ale pan mówił, że jakieś telefony były.

W tamtym czasie było tyle emocji i tyle różnych wątków. I tyle dezinformacji. Mnie nie ostrzegano, ale człowiek czasem działa jak żołnierz. Jeśli lecą bomby, jest ostrzał artyleryjski, to jest tak, że ktoś rzuci sugestię i to działa. Nie myśli się tak jak dziś – a z jakiego telefonu, o której godzinie i kto. Jest sytuacja i człowiek się poddaje temu wszystkiemu. Natomiast analizując na zimno, ja zawsze chciałem sobie zdefiniować pojęcie „ucieczka". Ucieczka to jest stan aktywnego przemieszczania się z punktu A do punktu B, pod wpływem czynnika C, wywołanego przez podmiot D. Chciałem przypomnieć, że nasz wyjazd z punktu A do B nastąpił tydzień przed tym, zanim nastąpiły jakiekolwiek działania. To fajnie wyszło w *Służbach specjalnych*, jak zwierzchnik zadał pytanie, gdzie oni są? Wyjechali. To trzeba zrobić wszystko, żeby nie wrócili. Właśnie ten wątek tu zafunkcjonował. Właśnie próba spowodowania, żebyśmy nie wrócili, ale nie pościg.

To jest motyw, który się często powtarza. Nie tylko w filmie.

To nie był pościg, który ma pewne reguły gry. W filmach to zawsze samochody, pisk opon. Nie było pisku opon, był taki pasywny pościg po czasie, jak już nas nie było. W zasadzie to byliśmy dyskretnie przez nich eskortowani do granicy. Taki był ich plan operacyjny. Wszystko inne: stworzone legendy – to klasyczna socjotechnika zastosowana przez naprawdę doskonałych i doświadczonych specjalistów. Działano z wielką precyzją i – jak dzisiaj widać – jakże skutecznie. To jest standard, że jest temat, jest zarzut, uciekli, nie udało się złapać, bandyci okradli Polskę, rencistów, polski system bankowy, a Żydzi ich nie wydają. Albo to, że państwo żydowskie nie wydaje swoich obywateli, jest kolejnym największym mitem w tej całej historii. Znam kilku kolesiów, którzy mieli obywatelstwo i zostali pięknie wysłani do Polski całkiem niedawno. Ale żeby tak się stało, trzeba ładnie sformułować zarzuty, zrozumiale dla Izraelczyków, że stawiany w Polsce zarzut jest karany także w Izraelu, a to można było prosto sprawdzić, bo mamy ambasadę, radców prawnych, ale komuś się wtedy przez 11 lat nie chciało.

Bo nikomu nie zależało na waszym powrocie?

Tak. I to jest ten pozytywny element, bo tu nie ma sytuacji klasycznej wendety i rozwiązań siłowych.

Więc jaka była przyczyna skoordynowanego ataku na waszą firmę i na was osobiście?

Odpowiedź pada między wierszami w wywiadzie, jakiego udzielił Zalewski „Gazecie Wyborczej". Powiedział, że Art-B to nie była jedyna firma, którą się zajmował, były też inne, ale skupiono się na nas, bo pewne lobby kapitałowe było zainteresowane ukróceniem tego „procederu". Chodziło o przywożenie telewizorów z Dalekiego Wschodu. Lobby było bardzo temu przeciwne.

Dlaczego?

Bo tej grupie przewodniczył popierany przez władze biznesmen zajmujący się montażem telewizorów.

Handel telewizorami było określony mianem procederu?

Tak. Potem się zastanawiałem, dlaczego ktoś użył tego słowa. Prawdopodobnie chodziło o wmanipulowanie Art-B w sytuację kolizyjnego kursu przeciwko Zalewskiemu, Porozumieniu Centrum i przeciwko prezydentowi. To była najlepsza intryga, jaką można było wprowadzić w życie. Gdyby układ przetrwał, Wałęsa, bracia Kaczyńscy i my gdzieś tam wokół, to dziś byłaby zupełnie inna sytuacja.

Dla kogo?

Dla wszystkich.

Dla Polaków?

Nie wiem. To zależałoby od tych, którzy byli przy władzy, ale połączenie potencjału ekonomicznego Art-B z ich konserwatywnym myśleniem, radykalizmem i konsekwencją w działaniu przyniosłoby wszystkim korzyści. To było bardzo skuteczne rozłączenie tego układu. Rękoma premiera Krzysztofa Bieleckiego. Proszę sobie przypomnieć, że po nagłośnieniu transakcji z Telegrafem pękła współpraca pomiędzy kancelarią a prezydentem i od tamtego czasu do dziś Lech Wałęsa nie rozmawiał już więcej ani razu z Jarosławem Kaczyńskim. Andrzej

Milczanowski – ówczesny szef UOP i MSW – zeznając na procesie Lesiaka, sam przyznał, iż zespół Lesiaka zajmował się głównie sprawą Art-B i FOZZ, ale po demonstracji w 1993 roku przeciw Wałęsie zainteresowano się Porozumieniem Centrum, a jednym z głównych zadań Zespołu było dalsze rozpracowywanie działalności firmy Telegraf.

W tym samym czasie rozgrywa się sprawa malwersacji w Funduszu Obsługi Zadłużenia Zagranicznego. Pan twierdzi, że wasza historia miała przykryć tę sprawę?

Tak. Na początku nie miałem zielonego pojęcia, co to jest FOZZ. Z perspektywy czasu już wiem. Wydarzenia związane z FOZZ zachodzą w korelacji z nagonką na Art-B. Popatrzmy na daty, to wychodzi symetrycznie – co do dnia. Coś się dzieje w FOZZ, coś się dzieje w Art-B. Jakaś decyzja jest w sprawie FOZZ, są ruchy w sprawie Art-B. Symetryczny układ. Nie sprawa Art-B wpływała na FOZZ, tylko sprawa FOZZ wpływała na Art-B. Ten FOZZ to mi się czkawką odbija przez 25 lat.

Ale komu zależało na przykrywaniu afery FOZZ-u sprawą Art-B?

Oczywiście nie może być jasnej odpowiedzi na takie pytanie. Były premier Bielecki powiedział kiedyś słowa, które dzisiaj rozumiem w ich dosłownym znaczeniu: „Art-B nie rozwinął się dlatego, że myśmy rządzili. To my go najpierw operacyjnie, a potem wszelkimi innymi środkami prawnymi zlikwidowaliśmy". Wtedy to się wszystko zaczęło.

Kiedy on to powiedział?

W wywiadzie dla Zofii Wojtkowskiej opublikowanym w książce *Za kulisami III Rzeczpospolitej* Dariusza Wilczaka i Jacka Snopkiewicza. Również przy wielu innych okazjach. Żadna tajemnica.

Jak umarłem
na granicy polskiej

Podsumujmy stan prawny, jaki dotyczy teraz pana, Bagsika i Art-B.

Przede wszystkim zacznijmy od podstaw, że zarówno ja, jak i Bogusław Bagsik mamy zaświadczenie o niekaralności.

Ale Bagsik dostał wyrok dziewięciu lat.

I tak, i nie. Bagsik odsiedział przed sprawą 4,5 roku. Te dziewięć lat podzielono na pół i tak wyszło 4,5 roku, które odsiedział w większości przed sprawą.

Przyznał się do czegokolwiek?

Nie, bo zarzuty były takie, jakie były. Los moich zarzutów też był przedziwny. Część z nich się po prostu zdepenalizowała po drodze, na przykład zarzut o rzekomym ograbianiu własnej firmy plus potwierdzenie tzw. nieprawdy.

A ten słynny oscylator?

Też się zdepenalizował. Szkoda tylko, że po 23 latach. Nie było takiego przestępstwa w kodeksie. Zamieniono to taktycznie na oszustwo na szkodę Banku Przemysłowo-Handlowego, chociaż ten bank nie poniósł żadnej szkody. Ten zarzut się przedawnił, a ja nie bardzo miałem jak odwoływać się do Sądu Najwyższego. I to było już zamknięcie całej sprawy.

Od czego się odwoływać?

Od przedawnienia, bo domagałem się przecież uniewinnienia. Jak już jestem oszustem na szkodę Banku Przemysłowo-Handlowego, to niech tak zostanie. Aczkolwiek bank nie wniósł żadnych roszczeń. Ani ten, ani żaden inny. Ostatni zarzut, który na mnie ciążył, to rzekome wyprowadzenie z własnej firmy 71 milionów złotych. I ta sprawa prowadzona w sądzie w Kaliszu na wniosek prokuratora właśnie została umorzona. Też przedawnienie. W sumie szkoda, bo stronie skarżącej – czyli likwidatorowi Art-B, było dobrze wiadomo, że za te środki zakupiono firmę PAZ, a później wróciły do firmy po sprzedaży PAZ-u. Niestety już nie będę mógł procesowo tego udowodnić.

To jest pan rozczarowany.

Tak, bo w swojej trwającej 23 lata walce o dobre imię, jeśli chodzi o sprawę zasadniczą, nie byłem ani razu w sądzie. Skoro już tyle czekałem, to na możliwość konfrontacji i walki o uniewinnienie.

W takim razie wyszedł pan z tego całkowicie czysty?

Wyszedłem bez możliwości udowodnienia swojej niewinności.

Będzie się pan procesował teraz o zadośćuczynienie czy odszkodowanie?

Tak. Będę. Ale najpierw z Bogusiem zadbamy o to, żeby to, co jest naszą własnością, do nas wróciło. Walczymy o zwrot udziałów w firmie Art-B. Jesteśmy rozliczeni i należy nam się ponad miliard złotych, które zagrabiono z naszego majątku.

To nie wiem, czy w Polsce jesteście biedni, czy bogaci?

Duchowo bardzo bogaci, doświadczeniem jeszcze bardziej. Jeśli chodzi o pieniądze, to – jak już powiedziałem – bogactwo jest stanem umysłu.

Kiedy przyjechał pan do Polski pierwszy raz po wyjeździe w 1991 roku?

W 2014 roku, w dniu wybuchu afery taśmowej. Myślałem sobie, jak tu zrobić, aby ten mój przyjazd odbył się po cichu – i los mi sprzyjał. Dokładnie w dniu przylotu wystrzeliły te taśmy i prawie nikt mnie nie zauważył. Teraz przyjeżdżam często, ale nie żeby zwiedzać i delektować się Polską.

Dziki kraj?

Ciągle muszę się przyzwyczajać do nowej rzeczywistości, nie jest to stan komfortowy. Z jednej strony niby okay, bo prokuratura i sąd coś tam na moją korzyść postanowiły, a z drugiej strony ta cała grupa ludzi, która współdziałała w realizacji afery, ciągle jest i ma się dobrze.

Woli pan być w Izraelu.

Tak. Jak tam ląduję, jadę taksówką, to mam odczucie ulgi, że jestem u siebie w domu.

Podobno Bagsik mówi, że 20 lat w Izraelu by nie wytrzymał.

Ja musiałem wytrzymywać. Było to dla mnie bardzo traumatyczne doświadczenie, którego skutki będę ponosił przez najbliższe dekady. Ale każdy musi nieść swój krzyż.

Czegoś mi potrzeba na puentę tej rozmowy, żeby to, co pan mówi, nie zabrzmiało tak minorowo. Nie ma pan wrażenia, że za bardzo dystansuje się od naszej wspólnej ojczyzny?

Ja się nie dystansuję. Jak już kiedyś powiedziałem, Polska na zawsze pozostaje dla mnie strefą śmierci i osobistego zagrożenia. Śmierci, gdyż anonimowy czytelnik wpisuje komentarz pod artykułem o zamachu terrorystycznym w restauracji w Natanii: „Szkoda, że nie rozwaliło Gąsiorowskiego". Miejsce, w którym życzy się komuś śmierci, nie jest już miejscem, które można nazwać domem. Strefą osobistego zagrożenia, bo motywacja tych ludzi, którzy 25 lat temu mnie oskarżyli, a dzisiaj są w tym punkcie przekonani o swojej nieomylności, jest taka sama. Mam świadomość, że to się już nie zmieni. W związku z tym człowiek musi należeć do jakiejś grupy ludzi, w której można się czuć w miarę bezpiecznie. Jadę za szybko, złapano mnie, zabrano prawo jazdy – zgoda. Wypiłem alkohol, trafili mnie, zbadali alkomatem – zgoda. Ale ja do dziś nie zaakceptuję faktu, że w stosunku do nas, do naszych rodzin zastosowano tego typu mechanizmy wpływające na całe życie. Bo jednak 25 lat bycia ściganym to jest całe życie. Nie mogłem zbudować czegoś, co można było zbudować, pozostawić dzieciom, czegoś, czego już nie mogę pozostawić. Dewastacja może dotyczy tylko dwóch rodzin, co na skalę kraju jest być może nieistotnym elementem, ale dla mnie moje życie jest najważniejsze. To cały wszechświat, który mam, i dlatego trudno się żyje na cmentarzu swojego poprzedniego wcielenia. Bo ja umarłem na granicy z Polską, podczas wyjazdu. To śmierć kliniczna, która jest nieodwracalnym procesem. Ja mogłem dokonać tylko transformacji, jestem teraz kimś innym, mam inny stan świadomości. Noszę to samo nazwisko, kod genetyczny, odpowiedzialność prawną i konsekwencje tego, co miało miejsce w jakże odległej przeszłości. W związku z tym ja się uczę tego kraju od nowa. Na zimno się przeprogramowuję. Na początku był stres. Teraz jest już inaczej, ale już nigdy nie będę miał tej romantycznej, naiwnej postawy 30-letniego lekarza, który wychodzi ze szpitala, kiedy nagle komunizm upada, jest demokracja i będzie raj. Nic więcej – tylko pracować i płacić podatki. Tego już nie będzie. W związku z tym muszę zdefiniować przez najbliższe lata, jaki jest mój stosunek do kraju, z którego pochodzę. Na razie jest taki sam, jaki jest stosunek kraju do mnie. Lustrzane odbicie wzajemnej emocjonalnej relacji. Puentą mogłaby być rozmowa z moimi dziećmi, Małgorzatą czy z Łukaszem, którzy urodzili się w Polsce, ale dzisiaj mają do Polski całkowicie obojętny stosunek.

Bo dojrzeli tam w Izraelu, zapomnieli o Polsce.

Gdyby ich rodzice nie musieli stąd przed laty wyjechać, to mieliby szanse skończenia tutaj studiów i podjęcia pracy, bycia częścią polskiego narodu. Polska nie byłaby im obojętna.

Ale Bagsik mieszka nadal w Polsce, a już nie musi.

Jeszcze musi, jeszcze sprząta.

Jak już odzyskacie Art-B, zaczniecie od nowa robić w Polsce jakiś biznes?

Nie. To będzie zamknięcie przeszłości. Ekspansja, dawanie pracy dziesiątkom tysięcy ludzi, zdobywanie nowych przyczółków – to już minęło. Nie mogę tu odnieść sukcesu, bo będzie on automatycznie skazany na eksterminację. Mogę konsumować tutaj owoce mojej pracy albo działać charytatywnie, ale i tak będzie stawiane standardowe pytanie, kto za tym stoi, co on chce z tego mieć? A ja chcę mieć wreszcie święty spokój.

Spółka Art-B to krótki epizod czy najważniejsze doświadczenie w życiu?

To był krótki epizod, który miał największy, destrukcyjny wpływ na moje życie.

Czyli jak pan dzisiaj patrzy, to był niepotrzebny epizod?

Ocenię to kiedyś z perspektywy czasu.

Ale najbardziej barwny.

Pewnie tak, ale kosztował mnie 25 lat wygnania. Człowiek ścigany nie zaznaje większego spokoju. To była zbyt wysoka cena dla mnie i całej mojej rodziny za ten krótki epizod z Art-B. Przygoda życia, ale koszty nie do oszacowania.

Część III

Rozmowa z Bogusławem Bagsikiem

Powrót
przez Rakowiecką

Długo pana namawiałem na tę rozmowę. Nie chciał pan, bronił się, unikał mnie. O co chodziło i dlaczego w końcu zmienił pan zdanie?

Nic osobistego, raczej ogólny kryzys zaufania do dziennikarzy. Z zasady nie udzielam wywiadów. Nie uważam się za osobę publiczną, więc nie muszę publicznie się spowiadać. Mam swoje życie i sam przed sobą się rozliczam. A dlaczego się zgodziłem? To proste, Andrzej Gąsiorowski mnie namówił. Do jednego mnie jednak nie przekonał, dlatego o pewnych rzeczach rozmawiać nie będziemy.

Ale o tym, po co pojechał pan do tej Szwajcarii w 1994 roku, chyba może pan mówić?

Żeby sobie załatwić zatrzymanie. Musiałem to zrobić. Miałem w sobie taki imperatyw. Nie zrozumie tego nikt, kto nie był w mojej skórze.

Jak to się odbyło?

Po prostu załatwiłem sobie, że mnie zatrzymano.

Zawiadomił pan kogoś?

Mam paru przyjaciół na świecie, w Szwajcarii też, bardzo wpływowych, więc skoro mnie dwa razy wyrzucano z polskiego samolotu, gdy chciałem lecieć do Warszawy, to stwierdziłem, że skoro to państwo, które krzyczy, żeby łapać złodzieja, nie chce mieć go u siebie, to muszę zadziałać niestandardowo.

Kto pana wyrzucał z samolotu? To był polski samolot?

Tak, rejsowy samolot LOT.

Miał pan bilet? Chciał pan wsiąść, a oni nie wpuścili?

Byłem już w środku.

No i?

I przychodził kapitan. Akurat taki, którego znałem osobiście. No i poinformował, że on chce jeszcze dalej popracować jako pilot LOT i dlatego uprzejmie mnie prosi, abym opuścił samolot.

Bo coś mu groziło za to, że pan by jego samolotem przyleciał do Polski?

Groziło, groziło. To się dwa razy powtórzyło i obaj kapitanowie dostali polecenie wyrzucenia mnie z pokładu pod jakimkolwiek pozorem. Nie było takiej opcji, żebym wrócił normalną drogą do ojczyzny.

Ścigano pana tak, żeby nie dopaść?

Dokładnie tak było. Najpierw wygoniono nas z kraju, a potem robiono wszystko, aby nas nie złapać. W sumie to nic nowego, historia zna już takie przypadki.

Zapada w końcu decyzja o wyjeździe do Szwajcarii po to, żeby dać się schwytać. Skąd ta determinacja?

Uważałem, że trzeba skończyć ten temat. Ja już byłem po rozwodzie i stwierdziłem, że najlepsze, co mogę zaoferować swoim dzieciakom, to jak najszybsze zamknięcie tej sprawy, żeby ich nie obciążać moimi problemami. Dzieci i była już żona mieli zapewnione bezpieczeństwo i byli wyposażeni w środki na przetrwanie beze mnie. A ja uznałem, że skoro nie ma innej drogi, to trzeba wracać do kraju przez ulicę Rakowiecką.

Ta Rakowiecka to był najpierw szwajcarski areszt.

W Szwajcarii spędziłem za kratami półtora roku. Nie narzekałem. Panowie dotrzymali umowy, że dopóki był taki, a nie inny układ polityczny w Polsce, nie wydadzą mnie. Miałem zagwarantowane, że nie będzie ekstradycji, zanim nie zmieni się pewna ekipa u władzy.

Czyli po tym, jak nie wybrano w 1995 roku Wałęsy na prezydenta, można już było dokonać ekstradycji.

Każdy ma prawo do swoich wniosków.

Nie miało to związku z zapowiedziami prezydenta, że puści was w skarpetkach?

Mniejsza o to, chociaż być może odejście byłego prezydenta i przyjście nowego miało jakiś związek z decyzją o ekstradycji. Wiem, co chciałem osiągnąć, i twierdzę, że to osiągnąłem.

W życiu nic nie jest przypadkowe, jak się okazuje.

Aczkolwiek mam prywatną teorię, że Pan Bóg ma na drugie imię przypadek.

Boga w to nie mieszajmy, ta sprawa rozgrywała się między ludźmi, postaciami z krwi i kości. Kolejne lata już spędził pan na Rakowieckiej.

Zgodnie z prawem tymczasowy areszt maksymalnie może trwać trzy lata. W moim przypadku łącznie status tymczasowo aresztowanego miałem przez bez mała cztery i pół roku, bo na Rakowieckiej trzymano mnie trzy lata. Państwo w bardzo dowolny sposób interpretowało prawo.

Podróż
po więziennej Polsce

Skazano pana na dziewięć lat więzienia. Niektórzy oceniali, że to i tak łagodny wyrok.

Ile pan w swoim życiu miał przyjemność wątpliwą odsiedzieć, chociażby na dołku?

Szczerze? Kiedyś wpakowali mnie na niecałe 24 godziny.

I jakie wrażenia?

Nie miałem papierosów wtedy, bardzo się męczyłem.

Coś jeszcze pan zapamiętał?

Dręczące poczucie klaustrofobii, bo byłem samiutki jak palec pod celą.

Ja odsiedziałem trzy lata całkiem sam, jak to się mówi, w sztywnej celi. Nie byłem enką, czyli niebezpiecznym osadzonym, ale ze względów bezpieczeństwa siedziałem w ence. Trzeba coś dopowiedzieć jeszcze? Bogu dziękuję, że jestem dalej normalny. To nie była, broń Boże, zemsta ani przejaw sadyzmu ze strony służby więziennej. Zachowywali się zgodnie z regulaminem, pełen szacun, wykonywali dobrze swoją robotę.

Wszyscy pańscy strażnicy byli tacy bez zarzutu, kryształowe postaci?

Może rzeczywiście trafił się też jakiś tępy klawisz, pół debil, pół idiota. Ze dwa razy powiedział coś nieprzyjemnego albo się w sposób niestosowny zachował, ale to są przypadki absolutnie odosobnione.

No to dlaczego siedział pan sam?

Bo tak polecono im stosować mój areszt. Oficjalnie ze względów bezpieczeństwa. Takie polecenie dostała służba więzienna, więc je realizowała. To nie był ich pomysł.

Został pan skazany na dziewięć lat więzienia, czyli od razu mógł wyjść na wolność, bo połowa tej kary już była zaliczona?

No właśnie wyjść nie mogłem, bo miałem zaliczone 4,5 roku aresztu, ale bez trzech tygodni. Przez brak tych trzech tygodni nie mogłem otrzymać wokandy od razu na sali sądowej, więc odkonwojowali mnie z powrotem za kraty.

Żeby jeszcze te trzy tygodnie odsiedzieć, jak rozumiem.

No teoretycznie tak, ale to się znacznie przeciągnęło, bo nagle zaczęto mną miotać po całej Polsce, po różnych kryminałach.

Z jakiego powodu?

Bo skoro przysługiwała wokanda, to potrzebna była opinia wychowawcy. A jak wychowawca ma napisać opinię, skoro delikwent ciągle fruwa? Prowadziłem z administracjami aresztów rozmowy jak z kabaretu. „Dzień dobry, przysługuje mi opinia". „Oczywiście, ale pan jest tu od wczoraj, to za krótko, żeby wystawić opinię". „Ale prawo mówi, że mogę już występować o wokandę i przedterminowe zwolnienie, tylko bez tej opinii nie da rady". „To musimy pana obejrzeć, ocenić, zrozumieć". „Oglądać możecie, zrozumieć tym bardziej, ja tylko proszę o opinię". „No dobrze, to skoro pan nalega, wystawimy". I nie wystawiali, bo następnego dnia o piątej rano: „Pakuj się, jedziesz w Polskę". W związku z tym jeszcze cały rok za kratami. 27 razy trafiałem do transportu. Konwojowali mnie z jednej ciupy do drugiej, zwiedziłem Polskę więzienną wzdłuż i wszerz.

Czyli w sumie ile pan spędził w kryminale?

Sześć lat z orzeczonych dziewięciu. Oczywiście wymiar sprawiedliwości i tak był bardzo łagodny. Trzy lata mi podarował.

A tak naprawdę, za co pana skazano?

Przede wszystkim to jednak chyba za nazwisko. Uważam tak zwłaszcza w kontekście tych późniejszych umorzeń wobec Andrzeja – nie z powodu przedawnienia, ale z braku znalezienia podstawy prawnej do skazania. Zarzuty przecież były te same.

Za łapówkę też?

No to jest chichot historii. To rzeczywiście duża łapówka. Wykorzystano zeznania przerażonego człowieka, a tak naprawdę chodziło o pieniądze, którymi wspierałem chór kościelny w Cieszynie. Tego zarzutu polska prokuratura potrzebowała do ekstradycji, bo pierwszy wniosek ekstradycyjny Szwajcarzy wyrzucili do kosza. Nie spełniał wymogów wynikających z ich prawa.

Bo w Szwajcarii oscylatora kodeksy karne nie obejmowały. A jak nie ma czynu, to nie ma przestępstwa.

Ja myślę, że kiedyś państwo polskie będzie musiało odpowiedzieć na pytanie, za co tak w istocie zostałem skazany. Za to, że kupowałem obrazy na licytacjach, za to, że kupiłem samochody do spółki? Za to, że teoretycznie nie opłaciłem kapitału w jednej ze spółek, a przecież nie mogłem tego zrobić bez odpowiedniej decyzji ówczesnego ministra ds. współpracy z zagranicą?

Czyli działanie na szkodę spółki?

W ogóle na każdą szkodę. Najpierw wywodzono, że wypłaciłem pieniądze z polskiego systemu bankowego i wprowadziłem je do firmy, a potem, że te same pieniądze wyprowadziłem z firmy i umieściłem na koncie, czyli w systemie bankowym. Rozumie pan coś z tego? Śmieję się z tego, bo ta konstrukcja uwłacza inteligencji.

Zarzut o narażenie na straty polskiego systemu bankowego znikł z aktu oskarżenia?

Okazało się, że nikogo nie naraziłem. Narodowy Bank Polski na procesie reprezentował jeden z wiceprezesów, który oświadczył, że nic nie chce ode mnie, nic nie chce od firmy w ogóle. Potem na gwałt dopytywano Bank Handlowo-Kredytowy, więc jego zarząd powtórzył to samo, że oni mają swoje sprawy z nami pozałatwiane i nic nie roszczą, niczego nie chcą. Puenta jest następująca: skazano groźnego złodzieja, który skrzywdził pół Polski, na dziewięć lat, ale nie zasądzono od niego żadnej nawiązki, i nie nakazano, aby zapłacił chociaż przysłowiową złotówkę tym emerytom, których okradł.

O czym pan myślał, siedząc sam w celi, skazany za zarzuty, z którymi się nie zgadzał? Można się przecież w takiej sytuacji załamać, wpaść w depresję.

Jeżeli człowiek nie ma się do kogo odwołać, to rzeczywiście może wpaść w dołek. I walić głową o ścianę. Chyba że coś jeszcze w tej głowie posiada oprócz naturalnej chęci, że jak wyjdzie, to im pokaże.

Co takiego pan posiadał w głowie, co pomogło przetrwać?

Muzyka mnie uratowała. Miałem ją nie tylko w głowie. Służba więzienna zgodziła się, chyba pan prokurator też, żebym miał pod celą syntezator i słuchaweczki. To był mój cały więzienny świat.

Jakby prokurator wiedział, że to była jedna z moich równoważni psychicznych, to nie wiem, czy by się tak chętnie zgodził.

Grał pan na klawiszach syntetyzatora, a klawisze słuchali. Taki żarcik.

Też wykorzystałem tę grę słów. Kiedyś otwiera się cela i wchodzi dwóch klawiszy. Jeden fajny człowiek dobrze wykonujący swoją pracę, drugi z tych surowych, co leczą swoje kompleksy, wyżywając się na osadzonych. „Panie prezesie – bo tak mnie nazywali – jak to jest grać na tych organach?". Spojrzałem na klawiaturę, spojrzałem na nich i stwierdziłem, że nie jest łatwo, bo są białe klawisze i są czarne klawisze, i trzeba się szybko decydować, w które uderzyć. Ten miły zrozumiał i długo się śmiał. Ten drugi zastanawiał się nad sensem moich słów i uznał, że chyba nie wie, o co chodzi.

Ostatnio znów się pojawiły zarzuty i podejrzenia, że wplątał się pan w jakąś nieczystą sprawę finansową.

Właśnie o tym mówić nie mogę, bo toczy się jakieś postępowanie i obowiązuje mnie tajemnica śledztwa. Powiem tylko i może pan wierzyć lub nie, że nie mam nic wspólnego z oszustwem, o jakim napisały media.

Sprawa jest międzynarodowa, a ofiarą wyłudzenia miał paść pewien znany szwajcarski biznesmen. Znał go pan?

Nie. Mnie to dotyczy tylko dlatego, że znałem jednego z podejrzanych, pochodzącego z Izraela. Ale nie robiłem z nim żadnych interesów. Zostawmy to. Jestem przekonany, że niebawem wszystko zostanie wyjaśnione i będę oczyszczony z podejrzeń.

Jest takie przysłowie, że na pochyłe drzewo nawet kozy skaczą. Od lat przypadła panu rola pochyłego drzewa.

Taki los. Przyzwyczaiłem się. Ale wierzę, że tak jak w przypadku mojego przyjaciela Andrzeja Gąsiorowskiego, którego drzewo już się wyprostowało, moje też dojdzie do pionu.

Życie przed Art-B

Tak jak z Andrzejem Gąsiorowskim, tak i z panem chcę porozmawiać o korzeniach. Pan pochodzi z Cieszyna?

Nie, z Górnego Śląska, urodziłem się w Bytomiu, mieszkałem do 19. roku życia w Zabrzu, a potem przeniosłem się w Beskid Śląski. Zamieszkałem w Cieszynie i okolicach Cieszyna.

Zdrowszy klimat w Cieszynie?

To nie tylko kwestia klimatu, ale głównie zagadnienia kulturowe. Rejon cieszyński uwiódł mnie niuansami. Do dzisiaj na rynku stoi fontanna, zwana Florianem, trochę symbol tego miasta. Starzy cieszyniacy nadal mawiają, że z Cieszyna jest bliżej do stolicy aniżeli do Warszawy. Mają na myśli Wiedeń. Reminiscencje austro-węgierskie wciąż w nich żyją, klimaty galicyjskie pozostały i w związku z tym pozostało też coś, co w innych regionach nie jest tak widoczne – a mianowicie inne podejście do pracy. Tu wciąż istnieje szlachetny etos pracy. To oczywiście ma związek z licznymi tutaj środowiskami protestanckimi.

Pochodzenie z Górnego Śląska sugeruje, że miał pan jakieś korzenie górnicze?

Tata był górnikiem. Mama dla odmiany filologiem języka polskiego. Uczyła w szkole.

Rodzice byli Ślązakami?

Tata Ślązak, i to taki z krwi i kości, ale o korzeniach polskich. Śląsk to ciekawy fragment na mapie Europy, mieszanina wpływów czeskich, polskich i niemieckich. W tym przypadku rzeczywiście, mimo że Zabrze, w którym tata się urodził i mieszkał, przed wojną było największym niemieckim miastem na Śląsku i nazywało się Hindenburg, to kultywowane były tam polskie tradycje. Paradoks historii polega na tym, że po wojnie, z biegiem czasu, cała rodzina taty, siedmiu braci tam było, wyjechała do Niemiec. Po kolei emigrowali. Zresztą moi rodzice po uzyskaniu wieku emerytalnego też wyjechali do Niemiec.

Mama czuła się Niemką?

A skąd, miała korzenie czeskie. Jej przodkowie uciekli przed pogromami, jakie w Czechach organizowano przeciwko zwolennikom Jana Husa. Rodzina mamy osiadła, jak wielu czeskich husytów, w okolicach Zelowa.

Dlaczego bracia ojca, a potem rodzice wyjechali do Niemiec? Powody polityczne, bytowe, a może poczuli niemiecki patriotyzm?

Nie ma dobrej odpowiedzi, bo często przyczyny życiowych decyzji są bardziej skomplikowane. Każdy ze Ślązaków gdzieś próbuje odnaleźć tę swoją ojcowiznę i wtedy nazywa ją heimatem. Każde pokolenie jakoś inaczej się utożsamia. Po wojnie Śląsk był taki, jaki był. Polska Rzeczpospolita Ludowa spadła na ten region z całym dobrodziejstwem złego i dobrego. W większości jednak złego. Państwo było do Śląska nastawione konsumpcyjnie. Niby coś tam górnikom rzucano, czternastą pensję, nagrody barbórkowe i towar do sklepów, ale mimo wszystko to były pozory, bo w zamian rosły plany wydobycia węgla, ludzie tyrali, dosłownie tracąc życie. Praca w kopalni to nieustanne igranie ze śmiercią. Nie każdy podjąłby się samego zjazdu na dół, nie mówiąc o tym, żeby pracować w tych warunkach. Tata przykładowo dziennie przemierzał do 15 kilometrów w podziemiach. Na różnych wyrobiskach i w różnych warunkach. Niektóre korytarze miały kilkaset metrów długości, a wysokości tyle, ile ma pan tutaj pod biurkiem.

Czołgał się?

Tak i był objuczony tymi wszystkimi pipetami i przyrządami. Targał z sobą całe laboratorium chemiczne, bo był tak zwanym metaniarzem – zabezpieczał kwestie wentylacji i nieustannie sprawdzał, czy jest powietrze, czy nie ma stężenia gazów, więc nie była to łatwa praca.

W zamian dobrze zarabiał. Coś za coś.

Pytał pan, dlaczego wyjechał z Polski? Otóż niezłe pieniądze to nie wszystko, czego człowiek potrzebuje, aby godnie żyć. Na Śląsku pojawiła się po wojnie ludność napływowa. Gdzieś z głębokiej Polski przyjechali szukać swojej szansy ludzie, bez urazy, świeżo oderwani od pługa. Nie rozumieli niuansów, byli podatni na propagandę. Gwara śląska była dla nich językiem szwabskim i tych, którzy używali tej gwary, nazywali niemieckimi świniami. Ślązacy poczuli się we własnym kraju jak obcy element. Byli rozgoryczeni, bo najstarsi jeszcze pamiętali powstania śląskie, podczas których część z nich walczyła o polską państwowość na tej ziemi.

Zamienili ją potem na niemiecką państwowość.

Gdy za czasów Edwarda Gierka uzgodniono na najwyższych szczeblach tak zwane łączenie rodzin i Ślązacy emigrowali do RFN, tam od Niemców dowiadywali się, że są *polnische schweine* i reprezentują *polnische wirtschaft*. To są właśnie te paradoksy, które istnieją także do dzisiaj. Natomiast Republika Federalna starała się, aby zadbać o ich potrzeby. Okres pracy w Polsce wliczano do stażu potrzebnego do uzyskania niemieckiej emerytury, no i zarobki w RFN wielokrotnie przebijały to, co ci ludzie dostawali w Polsce.

Gdzie są pochowani pana rodzice?

Rodzice przed śmiercią zażyczyli sobie, żeby ich zawieźć do Zabrza, jak umrą. Uszanowaliśmy ich decyzję. Tu są ich groby. Wielu Ślązaków, którzy emigrowali z różnych pobudek, po śmierci wracało do heimatu. Ślązacy to dumny naród i pracowity, a pojęcie ojcowizny na Śląsku to niesłychanie ważny element wychowania młodych przekazywany z pokolenia na pokolenie. Pod względem kultywowania tradycji Ślązacy podobni są do Żydów. Obiad niedzielny, w przypadku Żydów szabasowy, to niezmienny rytuał przechodzący od pradziadka do prawnuczka. Dzisiaj te związki rodzinne i kultywowane przez wieki tradycje bardzo zanikły. Młodzież zaczyna żyć życiem bardzo komercyjnym, w pogoni za pieniądzem, za pracą zapomina o korzeniach.

Rodzice byli wierzący?

Tak, oczywiście. Byli protestantami i należeli do społeczności baptystycznej. Większa część rodziny taty to katolicy, ale jego ojciec, a mój dziadek, też był protestantem.

Kiedy rodzice wyjechali do Niemiec?

Bodajże w okolicach roku 1990. Wtedy już było łatwo się przemieszczać.

Wyjechali w czasie, kiedy pan stał się bogatym biznesmenem.

Z tym bogactwem to ja bym troszkę polemizował. Oczywiście w obiegu powszechnym, jeśli kogoś na coś tam stać, to już jest bogaty. Ich wyjazd nie miał żadnego związku z moim stanem posiadania.

Baptystą został pan po rodzicach. Nigdy nie miał pan wahań, jaką wiarę przyjąć?

Każdy ma prawo do wyboru, w jaki sposób chce realizować swoją wiarę, jak ją wyznawać. Jestem przede wszystkim chrześcijaninem, a dopiero potem liczy się konkretne wyznanie. To już ma mniejsze znaczenie, czy ktoś jest katolikiem, zielonoświątkowcem, czy baptystą. Interesuje mnie chrześcijaństwo w szerokim aspekcie. Patrzę na te różne odłamy jednej wiary jak na taki kolorowy zbiór kwiatów. To może być fajny bukiet, ale tylko jako całość kompozycji. Oddzielnie bardzo różnie to wygląda.

Kwiaty powinny się uzupełniać?

Tak, żeby bukiet był pełny. Popatrzmy na historię Polski, a konkretnie na czasy zygmuntowskie. Panowała wtedy wielokulturowość i wieloreligijność. To wzbogacało ludzi i patrząc inaczej, napędzało koniunkturę dnia codziennego, bo różne środowiska między sobą wymieniały się dobrymi doświadczeniami i uczyły od siebie nawzajem. To ubogaca człowieka. Jeżeli ktoś uznaje, że tylko jego droga jest tą jedyną i żadnej innej nie uszanuje, to czasami może pobłądzić i odjechać bardzo daleko od celu.

Drogi ojca nie chciał pan kontynuować?

W jakim sensie?

W takim, że nie został pan górnikiem.

Od początku powiedziałem, że to nie dla mnie. Mam bardzo duży szacunek do tego zawodu z tej racji, że wśród górników urodziłem się i mieszkałem, mój tata był górnikiem. Widziałem, jak ci ludzie harują, że jest to tak potwornie ciężki zawód, wymagający naprawdę hartu ducha. Kto nie zna kopalni, nie zdaje sobie sprawy, jakie tam są warunki. To nie jest wycieczka jak w Wieliczce na dół. To są konkretne, codzienne zagrożenia życia i w bardzo trudnych warunkach, dużej wilgotności i zapylenia. W panującym pod ziemią upale. Większość kopalni ma problemy z metanem. Zdarzają się wybuchy. Młodzież by powiedziała, że trzeba mieć jaja, żeby zjechać pod ziemię, a co dopiero wziąć się do łopaty.

Jak już pan ustalił, że nie zostanie górnikiem, to kim? Strażakiem, aktorem, lotnikiem?

Zdziwię pana, ale troszeczkę myślałem o zostaniu nauczycielem, bo pewne tradycje w rodzinie przecież były. Uczyły w szkołach babcia i potem mama. Rodzice w tamtym czasie bardzo dbali o moją edukację. Równocześnie z nauką w podstawówce chodziłem do szkół muzycznych, co nie za bardzo mi pasowało, bo inni w tym czasie grali w piłkę, a ja musiałem ćwiczyć.

Na jakim instrumencie?

Grałem na kilku instrumentach, ale głównie klawiszowych. Skończyłem klasę fortepianu. W późniejszym życiu to mi się bardzo przydało, bo muzyka jest jak czysta matematyka. Uświadomiona daje możliwości bardzo abstrakcyjnego myślenia, czyli odnajdywania punktów, które nie są pozornie styczne, a de facto są. Dlatego muzyka nie jest odległa od ekonomii czy biznesu.

Ta muzyka spowodowała, że poznał pan Gąsiorowskiego.

Tak, aczkolwiek pochodzimy z tych samych środowisk protestanckich, gdzieś tam się mijaliśmy i mieliśmy kontakt.

On był zielonoświątkowcem, a pan był baptystą. Było wam po drodze?

Dla tych, co chcą się różnić pięknie, szukać wspólnego mianownika, to nie jest problem. Dla tych, którzy chcą się różnić tylko dlatego, że głównym celem będzie ukazywanie przeciwieństw, to zawsze będzie problem.

U was nie było problemu?

Nie. Najmniejszego.

Z Andrzejem poznaliście się jako dwaj młodzi muzycy. Pamięta pan okoliczności?

Pierwszy raz poznaliśmy się gdzieś na jakiejś sesji nagraniowej, w jakimś studiu, ale to jak przez mgłę konotuję. A rzeczywiście pierwszy już taki kontakt bezpośredni, bo trzeba było spędzić troszkę czasu z sobą, miał miejsce na warszawskim Torwarze podczas konferencji chrześcijańskiej. Gościem był tam słynny Cliff Richard, miał swój recital, a jego występ poprzedzał suport. Ja miałem wtedy swój zespół, a Andrzej swój. Coś się skomplikowało i trzeba było ad hoc stworzyć nowy zespół, który zrobi suport Cliffowi.

I wtedy zagraliście razem. To chyba była improwizacja, występ bez prób?

No bo trzeba było od ręki zmontować ekipę, która da radę. Jeżeli się ma opanowane podstawy harmonii i melodyki, to improwizacja nie jest problemem. Wszystko wyszło dobrze, publiczność dobrze się bawiła.

Graliście wtedy muzykę gospel?

Gospel, przy czym znów zwracam uwagę, że gospel to jest szeroki nurt o wartościach chrześcijańskich, w którym mieści się tak samo dużo stylów jak w muzyce pop. Można, wykonując balladę albo rock, nawet hard rock, jazz i blues, po prostu grać muzykę gospel, bo styl to tylko forma, a muzyka jest rytmem uniwersalnym.

Każdemu coś w duszy gra. Wam grała muzyka czarnych chrześcijan.

No tak. Wierzę, że muzyka dzieli się tylko na dwie kategorie. Na dobrą i złą. Dla kogoś dobry jest Bach, a zły jest Szymanowski, a dla kogoś innego może być odwrotnie, więc jest to bardzo subiektywny, indywidualny podział. Oczywiście jest też muzyka, która nie powinna się nazywać muzyką, no ale w literaturze też znamy takie przypadki, gdy czyjeś rzekome dzieło jest w czystej postaci grafomanią. W muzyce też są grafomani.

Czy to prawda, że pracował pan jako stroiciel fortepianów?

Tak, zajmowałem się tym. Opanowałem podstawy budowy instrumentów, a bez tej wiedzy trudno wykonywać profesję stroiciela. Sam absolutny nawet słuch muzyczny nie wystarczy.

A skąd w pana życiu ten Cieszyn się pojawił?

Tam mnie przyciągnęła społeczność protestancka. Mieszkała tam silna grupa ewangelików. Dobrze się z nimi czułem.

Zamieszkał pan w Cieszynie. To było takie proste, a mieszkanie, praca? Wszystko już na pana czekało?

No oczywiście, że nie. My rozmawiamy o czasach, w których dostanie mieszkania było marzeniem ściętej głowy. Jakoś trzeba było sobie to samemu zorganizować, coś wynająć, potem ewentualnie kupić, ale skoro są dwie ręce, dwie nogi i głowa, to nie ma rzeczy niemożliwych. Powoli, powoli osiadałem w tym życiu cieszyńskim i zaznaczam, że nie sypiałem pod chmurką. Wyznaczałem sobie cele i je osiągałem.

Art-B,
czyli biznes kreatywny

Kiedy powstał pomysł założenia Art-B?

To już była końcówka PRL, schyłek lat 80.

Czyli za czasów słynnej ustawy Wilczka o wolności gospodarczej, która wprowadziła w kraju socjalistycznym zasady liberalnego kapitalizmu. Skorzystał pan z zapisów tego nowego wtedy prawa?

Tak, to bardzo pomagało, ale ja już wcześniej pracowałem w prywatnej branży, miałem trochę biznesowych doświadczeń. Zaczynałem od akwizycji, czyli byłem najniżej w hierarchii, dochrapałem się dzięki mojej ciężkiej pracy funkcji pełnomocnika zarządu firmy. Ciężka praca i sumienność powodują, że człowiek idzie do góry. A jak idzie do góry, to lepiej zarabia, jego status rośnie. Kiedyś doszedłem do wniosku, że tutaj już wszystko osiągnąłem, pogadałem ze swoim bossem i powiedziałem, że chcę odejść na swoje i czy ma coś przeciwko. Powiedział, że mu szkoda mnie tracić, ale nie ma wyjścia, skoro ja tak chcę. I w ten sposób odszedłem na swoje. I założyłem spółkę Art-B.

Przecież nie był pan sam. Poszukał pan wspólników.

To nie była kwestia szukania wspólników, ale takiego ich doboru, aby można było miękko przejść z jednego etapu do drugiego. Kontynuować dobre rozwiązania stosowane w mojej poprzedniej firmie i jednocześnie nie powielać popełnianych wcześniej błędów. Można powiedzieć, że biznesu uczyłem się na własnej skórze. W pierwszej wersji Art-B było wokół mnie trochę ludzi z poprzedniej firmy. Byli mecenas Jerzy Pagieła i Franciszek Juroszek. Potem nasze drogi się rozeszły. Nie z powodów jakichś tam animozji, po prostu każdy zajął się swoimi sprawami. To był taki komfort płynnego przejścia. Z czasem pokazali się w firmie inni ludzie. W tym – nowy wiceprezes Andrzej Gąsiorowski. Wcześniej wykorzystaliśmy czas nowych możliwości otworzonych przez rząd Mieczysława Rakowskiego. Państwo bardzo mocno otworzyło się na umiejętności, które Polacy dobrze przećwiczyli.

Czyli na przedsiębiorczość prywatną?

To był dobry ruch dzięki faktowi, że prywaciarze przetrwali w PRL-u. Umieli istnieć w tamtej dziwnej rzeczywistości, znaleźć niszę dla siebie w gospodarce sterowanej centralnie i planowanej aż do bólu. Można się otworzyć na przedsiębiorczość prywatną, jeśli ma się świadomość tego, że ona jest. PRL wychował Polaków na załatwiaczy. Jeżeli się coś chciało mieć, to trzeba było to załatwić. Problem był nie z tym, żeby mieć kasę, tylko co z nią zrobić, więc każdy, kto trzymał pieniądze, to tak jakby trzymał rozżarzone węgle. Więc nauczyli się Polacy załatwiać i być jednostkami operatywnymi.

Operatywność zamknięta w sztywnych ramach, ukryta za żelazną kurtyną.

Bardzo dawno temu ukułem taki termin: turystyka przedsiębiorcza. W latach 80. Polacy początkowo nieśmiało ruszyli w świat. Zaczęli latać na koniec świata, odkrywać nowe rynki. Pojawili się w Tajlandii, Singapurze, gdzie się tylko dało. Tu kupili części komputerowe, tam szmatki z Tajlandii. Naród jest zaradny, więc szukali taniego towaru, który można było drogo sprzedać. To był okres potwornej nadpodaży pieniądza. Głowiono się, jak ten pieniądz zdjąć, a jednocześnie uspokoić ludzi, że coś się dzieje, idzie ku lepszemu. Świetlana przyszłość oglądana przez butelkę z octem to trochę mało. Turystyka przedsiębiorcza ratowała ówczesne władze, bardzo mocno napędzała towar na półki.

Ustawa Wilczka otworzyła nowe możliwości. W miejsce drobnego przemytu pojawił się prywatny import. To lepiej brzmiało i było legalne.

Ta ustawa Wilczka przez długi czas była najprostszą regulacją, która otwierała rodakom drzwi do legalności. Brali sprawy w swoje ręce i nadganiali stracony czas, te dekady życia w biedzie i odgórnej urawniłowce. Ale w III RP biurokraci wzięli się do jej poprawiania. I tak wytrwale to robili, że miejsce wolności gospodarczej zajęła władza fiskusa. Państwo wróciło do opresyjnej postaci jak w PRL-u.

Patrzył pan z bliska na to psucie ustawy Wilczka i narodziny kapitalistycznej biurokracji. Co pan dostrzegł?

Zrodziła się na moich oczach klasa administratorów kraju. To średni urzędniczy szczebel jest najbardziej szkodliwy. Tworzą tysiące, setki tysięcy regulacji, które przeszkadzają żyć, ale za to dają ich twórcom niezbywalne i przechodzące z ojca na syna nieograniczone prawa decydowania. To nie jest władza z demokratycznego nadania, ale wynikająca z nepotycznych układów. Tatusiowie przekazują swoim dzieciom pałeczki w samorządach czy ministerstwach. Rząd czy rady samorządowe pozwalają na to, bo tak jest im wygodniej. Ja nie chcę tym ludziom uwłaczać. Pewnie część z nich bardzo szczerze chce pracować dla dobra kraju, tylko oni nie są traktowani poważnie przez prawdziwych hegemonów.

Czyli kogo?

Przez tę brać urzędniczą. Ministrowie się zmieniają, a tamci trwają niezmiennie i tworzą swoje klany. Tutaj w Warszawie to widać jak na dłoni. Ojciec w tym ministerstwie, matka w drugim, syn już jest w samorządzie i zaraz osiądzie na stołku w trzecim resorcie. Nazywam to układem krzyżowym, który jest skuteczniejszy niż całe chorągwie rycerzy Platformy Obywatelskiej czy Prawa i Sprawiedliwości.

Pan nigdy nie korzystał z koneksji rodzinnych, które ułatwiałyby poruszanie się w biznesie?

Nie korzystałem, nie miałem pleców, poparcia i wujków pociągających za sznurki. Może dlatego coś mogłem osiągnąć, bo ślizganie się po plecach jest krótkoterminowe. Na Zachodzie mądrzy rodzice, chociaż bogaci, nie otwierają swoim dzieciom drzwi do kariery, tylko najpierw mądrze je wychowują. Mówią: „Przyjdziesz do mnie do pracy, zaczniesz tam od najniższego stanowiska, przejdziesz wszystkie stopnie kariery, to wtedy oddam ci firmę". Tak wychowany dzieciak ma szacunek do pracy, do pieniądza, który jest efektem wymiernym pracy, którą wykonywał, ale też będzie potrafił zrozumieć, co na poszczególnych szczeblach się dzieje. Więc z jednej strony już jako szef nie da sobie wcisnąć ciemnoty, ale sam też nabierze szacunku dla ludzi pracujących w jego firmie, bo razem z nimi wykonywał robotę.

Kto wymyślił nazwę Art-B?

Ja wymyśliłem, biorę to na siebie. Zła nazwa?

Tajemnicza.

Było trochę różnych pomysłów na ten temat, ale ja od początku kierowałem się w stronę Artistic Business. Ja do dzisiaj wierzę, że fajnie prowadzony biznes jest kreatywny. I może być rzeczywiście artystyczny. Może dawać satysfakcję już przy tworzeniu, a nie przy konsumpcji. Konsumpcja jest troszeczkę nudna, przyznam się, ale sam proces tworzenia – tak, to potrafi człowieka napędzić. To jest troszeczkę podobne do gamblingu.

Do hazardu?

Właśnie, bo w biznesie jest trochę elementów emocjonującego hazardu. Człowiek porusza się w gąszczu, żeby dotrzeć do celu, a po drodze musi uważać, żeby mu nie podstawili nogi. To znaczy i tak podstawią, ale umiejętność polega na tym, żeby przeszkodę zręcznie ominąć, nie upaść.

Żeby to osiągnąć trzeba mieć od początku jakąś wizję. Pan ja miał?

Miałem plan i go realizowałem. Oczywiście na początku firma zajmowała się typowym w tamtym czasie importem, głównie z Niemiec. Mydło i powidło. Potem był już też eksport, ale mnie docelowo interesowało przejmowanie aktywów. Cała sztuka polegała na tym, aby nie szastać groszem, ale w inny sposób stymulować ruch w interesach. I cały czas myśleć. Nazywam to biznesowym kombajnem. To takie rolnicze porównanie, czyli jak zboże jest już wymłócone, oczywiście można je sprzedać, ale można by też przetworzyć. Czyli dokonać optymalizacji ekonomicznej. Oczywiście to wymaga jakichś inwestycji, ale niekoniecznie bardzo kosztownych. Sprzedać zboże każdy rolnik potrafi. Nie każdy potrafi je przetworzyć, nie każdy potrafi je zmagazynować i nie każdy potrafi sprzedać je w najlepszym momencie. A już naprawdę nie każdy rolnik potrafi swoje zboże sprzedać poza rynek lokalny czy nawet krajowy. Gdyby potrafił, to miałby gwarantowany sukces.

W pańskiej wizji Art-B była rolnikiem, który potrafi zmagazynować zboże i sprzedać je w optymalnym momencie za granicą?

W mojej wizji Art-B na początku była warsztatem, później manufakturą, później produkowała składaki. W końcu miała wdrożyć pełną, nowoczesną i nowatorską produkcję.

Używając terminologii kolarskiej: nie składać rowerów, ale produkować sprzęt klasy wyścigowej?

To już nie było nam dane, bo – jak pan wie – firmę zawłaszczono. A co do wyścigówek, to dzisiaj już nie ma firm produkujących od zera do finalnego produktu, czyli tych, jak pan mówi, wyścigowych rowerów. Nie ma potrzeby zajmować się każdym detalem. Dzisiaj ekonomicznie jest produkować składaki. Komputery, maszyny budowlane czy samochody – to wszystko są składaki. Nawet na górnej półce produktów, tych luksusowych i najdroższych, mercedesy różnią się od porsche inaczej wygiętą karoserią czy tapicerką. Jak spojrzeć do wnętrza, zajrzeć do silnika, rzucić okiem na zawieszenie, to różnice są minimalne. Ważne, żeby produkować towar, na który jest klient.

Obiady czwartkowe

w Pęcicach

Jak pan zapamiętał moment pojawienia się Gąsiorowskiego w Art-B?

Gdzieś tam w jakiś sposób się zderzyliśmy, już dokładnie nie pamiętam, gdzie się spotkaliśmy, chyba w Warszawie. I zaczął opowiadać, że robi jakieś interesy z kawą, ale ma kłopot z księgowością. Obiecałem, że mu pomogę. Pojechałem do Wałbrzycha, ogarnąłem temat.

Potrzebował faktury, a nie mógł jej wystawić.

Skoro nie miał zarejestrowanej działalności, to nie mógł, na pewno. Pomiędzy kupić a sprzedać jest jeszcze parę czynności, które trzeba wykonać. Wyliczyć i odprowadzić podatek obrotowy, załatwić certyfikat dopuszczający tę kawę do obrotu w Polsce czy kwestie celne.

Czyli można powiedzieć, że pan go wtedy uczył podstaw biznesowych.

To bardzo inteligentny chłopak, szybko się uczył. Miał liczne talenty. Z wykształcenia lekarz, a prywatnie fascynat fizyki jądrowej, na dodatek muzyk. Człowiek renesansu. Okazało się, że miał smykałkę biznesową. Jak załatwił import telewizorów z Korei, ja tylko miałem przyjemność złożyć w odpowiednim miejscu finansowanie, czyli jak byśmy to dzisiaj z humorem powiedzieli – wziąć kredyt oprocentowany ujemnie.

Ale ten biznes z telewizorami mógł przerażać, bo to przekroczyło jakąkolwiek skalę.

Faktycznie, okazało się, że zalewamy Polskę telewizorami z Korei. To nas trochę zdemoralizowało, bo odnieśliśmy łatwy sukces. Potem zostaliśmy szybko przywołani do pionu. Jako dziecko obrażałem się, że zepsuto mi w mojej piaskownicy zamek z piasku albo że ktoś zabrał moje zabawki. Tak samo się poczułem, kiedy zabrano nam Art-B. Myślę, że indywidualnie bardzo dużą cenę za to zapłaciłem i wciąż płacę, ale ja wtedy byłem, trzeba oddać prawdę, bardzo młody, bardzo niedoświadczony i bardzo zachłysnąłem się hasłami: idziemy do przodu, co niezabronione, to dozwolone, rozwijajmy się, budujmy.

Andrzej Gąsiorowski uważa, że przyczyną waszych późniejszych kłopotów była osoba ówczesnego premiera Jana Krzysztofa Bieleckiego. Czy pan też tak sądzi?

Przy całym szacunku do pana Bieleckiego, ale nie był osobą podejmującą samodzielne decyzje. Zawsze wokół każdego premiera istnieje klub wspierający lub przeszkadzający w jego poczynaniach. Pamiętajmy, że mówimy o początkach polskiej demokracji, wszystko się wtedy tasowało. Nawet dzisiaj trudno mówić o demokracji już ukształtowanej. Wciąż się tworzy, wciąż nie jest stabilna, bo ciągle jest to proces tworzenia, ale i tak bez porównania do stanu rzeczy sprzed 25 lat. Czy to były własne pomysły pana premiera Bieleckiego, żeby uderzyć w naszą firmę? Śmiem wątpić.

Sugeruje pan, że ktoś stał za Bieleckim. Służby?

My w Polsce za często wszystkim obarczamy służby. Za każdym razem szukamy ich tajnych operacji. Jeżeli ktoś jest czemuś winny, to stoją za nim albo służby, albo mafia. Otóż nie wierzmy w spisek. Wszystko jest znacznie prostsze. To nie służby, ale koterie małych ludzi, którzy przez chwilę są oceniani jako wielcy. Nic więcej. Ci różni podpowiadacze, doradcy, totumfaccy. Ci z dostępem do ucha.

Ale co ci mali ludzie mieli do was?

A może zabraliśmy im jakiś tort? Albo nie daliśmy im tortu, na jaki liczyli? Myśmy z Warszawką się nie dzielili, myśmy z Warszawką nie uczestniczyli w biznesie. Ja starałem się jak najdalej trzymać od biznesu, który istniał dzięki powiązaniom politycznym.

Nie chodził pan na salony?

Chodziłem. Zresztą Pęcice też służyły jako salon, żeby różne ważne osobistości mogły sobie w każdy czwartek, na wzór słynnych imprez u króla Stasia, przyjść, skonsumować i mieć miłe towarzystwo. Jak trzeba było, to i być odwiezionym do domu.

Organizowaliście czwartkowe obiady?

Oczywiście. Praktycznie cały establishment bywał na tych obiadach.

Politycy?

Wszyscy.

Lewa strona? Prawa?

Ależ oczywiście. Marszałkowie Sejmu, parlamentarzyści, ministrowie, ambasady, korpus dyplomatyczny. Ja wychodziłem z założenia, że łapówek nie płacę i nie będę płacić, a te obiady były formą integracji. Mały gest dobrej woli ze strony Art-B. Jeżeli to ma być miłe towarzystwo, to niech się zapoznają, integrują, niech wymieniają poglądy, niech szukają wspólnych mianowników. Jeżeli to się przełoży pozytywnie na coś dla kraju, no to przepraszam, za te parę kotletów, lampkę wina czy szampana – no to żadna inwestycja. Stać nas było. Natomiast dla mnie to był taki komfort, że jak ja coś potrzebowałem proceduralnie w jakimś urzędzie załatwić, to po prostu przychodziłem i znałem tych ludzi. Nie musiałem sobie organizować kontaktów, bo po prostu one były.

Ustawiały się kolejki po zaproszenia?

Zaproszenia do Pęcic wtedy to nie była rzecz łatwa do uzyskania. Bardzo o nie zabiegano, ale oczywiście nie wszyscy dostawali.

Stosowaliście jakiś klucz doboru gości?

Starałem się, żeby ten klucz zawsze był odpowiedzią dokładnie na to, co na rynku istnieje, i tworzył równowagę. Czyli żeby ani prawica, ani lewica, ani środek nie mówili, że brakowało proporcji. Ani biznes państwowy, ani prywatny nie mówili, że jest hołubiony bardziej lub mniej. No więc spotykali się bardzo różni ludzie, a co oni między sobą później w związku z tym robili, to nie moja sprawa. Natomiast moją sprawą było to, że ja nie musiałem tych ludzi zapoznawać, bo to oni zabiegali, żeby się zapoznać ze mną.

Media o was milczały, ale dla polityków nie byliście postaciami anonimowymi.

Ależ oczywiście, że nie. A media milczały, bo osobiście dbałem, żeby do Pęcic bardzo mało dziennikarzy trafiało.

Ale jednak bywali.

Bardzo selektywnie dobierani.

Tradycja obiadów króla Stasia przeniesiona do Pęcic. Czy to nie dowód, że uderzyła wam do głowy woda sodowa?

To była przemyślana strategia. Do dzisiaj uważam, że muszą być miejsca, w których ludzie się spotykają. Na tych spotkaniach byli i Rosjanie, i Amerykanie, i Meksykanie, i przedstawiciele Watykanu, i z Kościoła takiego, i innego, i partii takiej, i innej. Po co? Po to, żeby zaczęli z sobą rozmawiać.

Jeżeli ludzie z sobą rozmawiają, to dochodzą do pewnych wspólnych mianowników. Porozumiewają się, wyjaśniają nieporozumienia. Ja ich rozmów nie moderowałem, sami dawali sobie radę.

Premier Bielecki był na te obiady zapraszany?

Nie, nigdy, ale ludzie z jego rządu już tak.

Minister Zawiślak?

Tak, na pewno bywał. Natomiast ja szanowałem pana premiera, bo był premierem, ale prywatne zdanie zawsze miałem odmienne od powszechnie znanego. Uważam zresztą do dzisiaj, że to jeden z najsłabszych premierów. Dzisiaj to mogę spokojnie powiedzieć. Bardzo słaby ekonomista. Niestety człowiek bardzo podatny na, jak to ładnie nazwać, influencję zewnętrzną. To tyle. Niestety środowiska styropianów, tak jak ich wtedy nazywano, były bardzo mocno zinfiltrowane. A do tego podzielone, bo podział na prawicę i centrum zaczął się kształtować w momencie podziękowania braciom Kaczyńskim za udział w pracach w kancelarii prezydenta Wałęsy.

Bracia bywali w Pęcicach?

W Pęcicach nie, ale na biznesowych spotkaniach w innych miejscach bywali.

Co to znaczy „biznesowe spotkania"?

Taka formuła, w której biznesmeni się spotykali z, nazwijmy to, czynnikami oficjalnymi.

A ludzie braci Kaczyńskich bywali w Pęcicach?

Musieli bywać, bo szerokie spectrum bywało. Maciek Zalewski bywał.

Przeszliście na ty?

Ja z Maćkiem byłem na ty. Ale to nie był człowiek, który był mi do czegokolwiek potrzebny.

Pan był jemu potrzebny?

A, to jest inna para kaloszy. Takich ludzi w tym kraju było bardzo dużo. Ja akurat nie przepadam za ludźmi, którzy bardziej się pompują, niż trzeba. Każdy tworzy jakiś tam swój obraz i sprzedaje się marketingowo. Nie wszystko można załatwiać kartą historyczną, bo ktoś tam w czasach komuny przyniósł bibułę, ktoś coś tam wydrukował albo coś pisał. W ruchu solidarnościowym było w pewnym momencie 10 milionów ludzi, w partii w szczycie było 3,5 miliona, a naród liczył prawie 40. No i to państwo miało swoje, że tak powiem, niuanse i inteligencja, i brać robotnicza, i rolnicy też mieli swoje pomysły. Więc to kombatanctwo nie w każdym przypadku zasługuje na pełny kredyt zaufania.

Pożyczka dla Telegrafu

Mówimy o okresie transformacji. Powstały partie polityczne, ale były biedne, szukały finansowania, czasem za wszelką cenę usiłowały zdobyć jakąś kasę i to nie z chęci zysku, tylko żeby przetrwać na rynku. A wy w tym czasie jesteście pożądanym partnerem, bo macie kapitał.

Nie partnerem, a krową do wydojenia. Nie mieliśmy złudzeń, że tak nas traktowano. Nie wszyscy oczywiście, bo w tym politycznym towarzystwie byli też ludzie propaństwowi – i pełny szacunek dla nich.

Kogo by pan wymienił?

Nie mogę wymienić z nazwiska, bo automatycznie nie wymienię innych. Niech to historia ocenia. Ja nie jestem historykiem ani też nie uważam, że moje subiektywne oceny powinny być artykułowane w tym momencie. Ale byli tacy ludzie, że chapeau bas i bić brawo. Naprawdę dużo dobrego dla tego kraju zrobili. Druga strona medalu to ludzie, którzy pod hasłami politycznymi tworzyli struktury partyjno-biznesowe i tu nie mówię intencyjnie wyłącznie o Porozumieniu Centrum braci Kaczyńskich. Obiecywali, że dadzą narodowi szczęście, ale chcieli ten program realizować, siedząc w mercedesie.

Czyli najpierw coś dla siebie, a później dla państwa?

Zgadzam się z opinią, że głodny człowiek nie może uczyć, jak się karmi cały naród. To jest idiotyzm z założenia. Ale nie zgadzam się, że bardzo niegłodny człowiek może wnieść coś pozytywnego. Nie ma do tego głowy, bo mu się właśnie ulewa.

Jest przejedzony?

Przeżarty jak świnia, mówiąc wprost. Dla niego społeczeństwo to banda durniów i baranów, które można prowadzić, gdzie się tylko zechce. A społeczeństwo to ludzie, którzy nie zawsze mają czas pomyśleć, bo są zagonieni, bo szukają możliwości. To są ci bohaterowie cisi, ale bardzo skuteczni. Mając dwa tysiące złotych w budżecie rodzinnym, wychowują dzieciaki, wysyłają je do szkół i bardzo często jeszcze muszą walczyć z aparatem państwa, który chce ich obedrzeć ze skóry, z tymi szarymi eminencjami, technokratami władzy, z dyrektoriatem dyrektorów. Może złoto w tych rodzinach nie kapie, ale żyją czysto i schludnie, dzieciaki zadbane. To są bohaterowie. Mając milion czy sto milionów, nie jest bohaterstwem wysłać dzieci do Harvardu.

Aleksander Gudzowaty opowiadał kiedyś, że każdej partii dawał tyle samo kasy na kampanię wyborczą.

Tak, chwalił się swoją hojnością.

A w waszym przypadku jak wyglądał sponsoring polityczny?

Nigdy nie wspieraliśmy konkretnych partii. Wspieraliśmy konkretne ogólnokrajowe albo lokalne inicjatywy. Takie mieliśmy założenia. Nigdy nie kierowaliśmy się kryterium światopoglądowym. Mnie zresztą śmieszy podział na prawicę i lewicę w Polsce, bo to jest absurd. Mamy lewicę, która jest bardziej liberalna od liberałów i bardziej w centrum niż centryści. I mamy prawicę, którą wspierają związki zawodowe ze swoimi populistycznymi, lewicowymi hasłami. Oczywiście możemy trwać w tej hipokryzji fałszywych etykietek, ale po co? Jeżeli coś jako pomysł – nieważne, czy z lewej strony, czy z prawej, czy ze środka – jest sensowne i można się w to zaangażować z czystym sumieniem, to dlaczego by nie. Z takiego założenia wychodziliśmy.

Pomysł na finasowanie spółki Telegraf był sensowny?

Telegraf to nie był żaden pomysł na wspieranie czegoś korzystnego dla państwa. To była natomiast formuła biznesowa, w której rzeczywiście trochę finansowania poszło. Formuła, która nie sprawdziła się, dlatego nie istnieje. I tyle.

Trochę? To było kilka milionów dolarów. 60 miliardów starych złotych.

No i dużo, i w sumie mało.

To był ruch biznesowy czy pożyczka?

Dwa elementy naraz. Jak się nam wydawało – dobra inwestycja i jednocześnie pożyczka.

Umowa pożyczki była spisana na wstępie czy pojawiła się później i została antydatowana?

No, później to się nic nie mogło pojawić. Jeżeli cokolwiek się później pojawiało, to ja się kategorycznie od tego odcinam. Wciąż jestem integralny sam z sobą i swoje podpisy pamiętam, a podrobione też widziałem w aktach moich spraw sądowych, bo ktoś tam miewał takie dziwne pomysły. A spółka Telegraf jako zaplecze dla partii politycznej mogła być dobrym pomysłem. Nie jestem zwolennikiem finansowania partii politycznych z budżetu, bo to w czystej postaci wyłudzanie publicznych pieniędzy na zachcianki polityków. Wolę, żeby partie uczciwie zarabiały na własne potrzeby.

Mają prowadzić działalność gospodarczą?

Tak, a dlaczego by nie? Skoro idą po władzę, bo po to jest partia, żeby iść po władzę, to niech pokażą, że potrafią same sobą zarządzać i zarabiać, a nie wyciągać ręce po jałmużnę.

Przecież to brzmi jak zaproszenie do zdegenerowanego systemu, kiedy takie

partie biznesowe będą tworzyć prawo pod własne potrzeby.

A nie tworzą?

Być może, ale chociaż muszą udawać, że nie tworzą.

No to znowu mamy hipokryzję. Albo nazywamy rzeczy po imieniu i przyjmujemy, że taki jest świat, a nie inny, w związku z tym nie tworzymy zasad, które już u podstaw są kryminogenne, albo bawimy się w hipokryzję. Partie idą po władzę i swoimi ludźmi obstawiają stołki w państwowych firmach, bo to jest żłób, przy którym można się nażreć bezczelnie. To dajmy im, niech tworzą swoje prywatne związki gospodarcze. Jeżeli są tak dobre, że mogą obstawić się dobrymi menedżerami, to niech zarobią w tych prywatnych inicjatywach i same się finansują. Niech im się dzieje jak najlepiej, niech będą Rockefellerami. Państwo w swojej działalności gospodarczej powinno być maksymalnie ograniczone. Może posiadać nadzór nad elementami strategicznymi – i na tym koniec. Państwo nie powinno posiadać, bo jeżeli państwo coś posiada, to nie posiada nikt.

Tu pełna zgoda.

A jeżeli partia zatrudnia chłopaka na stanowisku prezesa jakiejś wiodącej spółki Skarbu Państwa i chce mu dać 20 czy 30 tysięcy, bo ustawa kominowa nie pozwala na więcej, to dobrego menedżera nie znajdzie. Fachowcy nie zrezygnują dla takiej propozycji z wielokrotnie większych zarobków w prywatnych firmach. Jeden z takich państwowych prezesów tłumaczył, że przyjął posadę z patriotyzmu, a nie dla pieniędzy. Większej bzdury jeszcze nie słyszałem. Ten jego patriotyzm to czyste kłamstwo. Wpuszczenie go do środka państwowej spółki to jest wpuszczenie lisa do kurnika, bo w końcu żona mu powie: „Józek, a dzisiaj zupę kto ugotuje, bo mnie nie stać, a dzieci kto ubierze w buty, bo mnie nie stać". No i zaczynają się kombinacje, wszystko się zaczyna bardzo prozaicznie i bardzo przyziemnie. Więc państwo, w którym nie będziemy wybierać na ministrów ludzi, których na to stać, aby być ministrami, i w związku z tym stać na indywidualne, niezależne poglądy, nie będzie się rozwijać. Ci ludzie będą podatni na korupcję, bo mamona bezlitośnie kusi.

Wracając do Telegrafu. Na czym polegały wasze kontakty z Zalewskim. On to opisał później w raporcie dla Sejmu.

Ja się z nim parę razy widziałem, przygodnie i w różnych konfiguracjach. Natomiast byłem na jednym dłuższym spotkaniu, bo kiedyś chyba z Adamem Glapińskim przyszedł do nas, do firmy.

Tłumaczył, że się wami interesował, bo chciał ustalić źródło pochodzenia waszych pieniędzy.

Kolejne bzdury na potrzeby rzeczywistości, z którą się nagle zderzył. Nie stać go na to, żeby powiedzieć, że po odejściu z polityki zamierzał się usamodzielnić finansowo i szukał źródeł. Mówi się – trudno, to jego wybór.

Może brał udział w wyścigu różnych opcji politycznych, kto pierwszy was zawłaszczy dla siebie na wyłączność?

Ależ oczywiście, że był taki wyścig. Jednocześnie partie bały się, że my już działamy dla ich rywali. Jak weszliśmy w Ursus, to wpadli w jakiś amok. Patrzyłem na tych ludzi jak na debili, bo było coś psychicznego w przyjmowaniu założenia, że kupując traktory, zagarniemy elektorat rolniczy. Unia Demokratyczna bała się, że wzmocnimy Porozumienie Centrum, a PC, że działamy dla ludzi Tadeusza Mazowieckiego. Absurdy. Kraj był biedny i goły, wciąż niepoukładane ważne rzeczy, w kasie pusto, a panowie bawili się w ogródku, w którym rosły same chwasty, zamiast zadbać o to, żeby zaczęła rosnąć marchewka. To jest chore, to nie jest propaństwowe, to jest debilizm.

Wszystko się skupiło na Zalewskim, ale przecież on z własnej woli kontaktów z panem i Gąsiorowskim nie utrzymywał.

No to jeżeli nie z własnej woli, to pewnie i wina nie powinna być wyłącznie jego. Może inni powinni usiąść z nim na ławie oskarżonych. Ale jeżeli wykonywał czyjeś polecenie i nic o tym w sądzie nie powiedział, to krył kogoś? Nie sądzę. Możemy dorabiać ideologię. On miał po prostu prywatne parcie na kasę. Czy on był pierwszy, czy ostatni?

– oczywiście, że nie. Inni może bardziej umiejętnie to robili, lepiej dobierali sobie kamuflaż.

Czy rzeczywiście was ostrzegł? I to po rozmowie z nim żeście opuścili Polskę?

Były przekazywane informacje, jak najbardziej. Natomiast odbywało się to w sposób bardziej zamaskowany. Nie chcę teraz dowalać Zalewskiemu, on już poniósł konsekwencje.

A te pieniądze, którymi zasililiście Telegraf, zostały oddane?

Po jakimś czasie kasa została zwrócona. Czy w całości, czy w większej części – nie pamiętam po prostu, ale w jakiś tam sensowny sposób załatwiono to z ich strony, mówię o Telegrafie. Nas już w Polsce nie było, a pieniądze odzyskiwał prezes Robert Rządca, mianowany przez Bank Przemysłowo-Handlowy szefem Art-B. Pan doktor Rządca to był bardzo mądry człowiek i starał się uporządkować sprawy, ale to komuś przeszkadzało i przestał być prezesem. Był to człowiek blisko związany z ekipą Balcerowicza, propaństwowiec, zresztą do dzisiaj wykładowca akademicki. Jeden z lepszych specjalistów w sztuce negocjacji biznesowej w kraju.

Ofiary

komitetu inkwizycyjnego

Kończąc wątek Zalewskiego, przed czym on was ostrzegał?

Z panem Zalewskim jest taki problem, że myślę, iż dywagowanie na jego temat nie ma sensu. Został ukarany przez sąd. Jak mniemam, ta kara już została zatarta. Rozmowa na jego temat, bez względu na mój prywatny stosunek do tego pana, byłaby nie fair.

Dobrze. Spytam inaczej. Czy ta ostatnia rozmowa z Zalewskim była powodem, dla którego wyjechaliście z kraju?

Nie, ostatnią rozmowę z panem Zalewskim przeprowadziłem, będąc już w Izraelu. Pozwoliłem sobie do niego zadzwonić i zaproponowałem mu zrezygnowanie z posłowania. I niebawem zrezygnował. A przed naszym wyjazdem w ogóle się z nim nie widywałem. Wiem, że robił to Andrzej.

Andrzej Gąsiorowski twierdzi, że powodem waszego nagłego wyjazdu było zagrożenie spowodowane waszym udziałem w operacji „Most".

Nie tylko, chociaż okres, kiedy rozgrywała się operacja „Most", był rzeczywiście trudny. Podlegaliśmy wtedy permanentnej ochronie i to w kilku kordonach. Ale myślę, że jeszcze bym to wytrzymał. Natomiast ostatnie dziewięć miesięcy to była absolutna nagonka, skumulowana, zarządzana centralnie. Śledzono wszystko. Kontrola na kontroli. Sanepid sprawdzał nawet toalety w każdej spółce związanej z Art-B. Codziennie w dowolnych strukturach Art-B były kontrole wszystkich możliwych organów. A potem zapadła decyzja, że skoro kontrole nie mogą się dobrać, bo niczego nie znajdują, to użyją innego kija. Sprawę załatwi się operacyjnie, a potem dopisze się odpowiednie paragrafy.

Mówił pan, że nie lubi teorii spiskowych, a teraz snuje pan wizję spisku. Tego się przecież nie da udowodnić.

Gdyby odtajniono dokumenty służb z tamtego czasu, pewnie by się dało dowieść, że to było zaplanowane działanie. Dzisiaj jestem już starszy i bogatszy w wiedzę i dlatego twierdzę, że zrobiono wszystko, abyśmy wyjechali. Dopilnowano tego. Pod naszą nieobecność można było już łatwiej kształtować rzeczywistość. Przyznaję po latach, że największym błędem było to, że ja wyjechałem, bo trzeba było zostać i zmierzyć się z nimi. Rodzinę wywieźć i zabezpieczyć, ale samemu zostać.

Dlaczego?

Inaczej by się historia potoczyła.

Byłby pan wtedy w stanie się obronić?

Nawet jeśli odbyłoby się to przez ulicę Rakowiecką, to problem musiałby być od razu załatwiony, a nie odpychany w czasie. Wykonywano wobec nas ruchy pozorowane. Śledztwo prowadzono w różnych kierunkach. Zawsze w takich, żeby nie osiągnąć zamierzonego celu. A przecież można było, jeżeli się twierdziło, że coś się stało, no to co za problem postawić zarzut. Stawia się pierwszy zarzut – i jedziemy. Nie było takiej woli, a komitet inkwizycyjny – broń Panie Boże, nie mam na myśli Kościoła – czyli pan z UOP-u, pan z resortu finansów i pan prokurator, był na tyle mocny, że mógł z nami zrobić wszystko.

Komitet inkwizycyjny, jak ich pan nazywa, zawiązał się po to, żeby was wykończyć?

Absolutnie. Natomiast nie miał żadnych umocowań prawnych. Nie była to komisja interdyscyplinarna powołana przez rząd albo ministrów. Panowie świadomie zawiązali grupę do walki z Bagsikiem i Gąsiorowskim. Według mnie to był przestępczy spisek.

Ale to was okrzyknięto przestępcami.

Gdybyśmy wtedy nie byli my, to może ktoś inny by się trafił. To jest wielowątkowa sprawa. Z jednej strony biznes, który czuł się zagrożony, z drugiej strony politycy. Z trzeciej strony trzeba było czymś przykryć aferę FOZZ, a z czwartej strony ci, którzy zazwyczaj głośno krzyczą – łap złodzieja – kim są?

Patrząc psychologicznie, tak często bywa.

Nie tylko psychologia o tym mówi. To są prawidła, które historia potwierdza tak długo, jak istnieje ludzkość. Nic nowego. Dzisiaj jestem już mądrzejszy, ale wtedy byłem za młody, żeby z historii wyciągać wnioski.

Miał pan wtedy 28 lat. To jest taki wiek, kiedy człowiek dopiero nabiera doświadczeń.

Tym, co wtedy przeżyłem, mógłbym rzeczywiście obdarować kilka życiorysów. Niczego mi nie oszczędzono. Przeszedłem prawdziwą szkołę przetrwania. Może i bywam sentymentalny, ale bywam też twardy. Dzięki temu wytrzymałem to wszystko.

Obywatel Izraela

z racji pochodzenia

Zainwestowaliście w Izraelu spore pieniądze w zakup udziałów spółki PAZ. Podobno, żeby przetransportować tę forsę do Tel Awiwu, musieliście specjalnie kupić sobie samolot.

Jeszcze takiej formuły nie słyszałem.

Andrzej Gąsiorowski tak to zapamiętał.

Jeżeli Andrzej tak mówił, to myślę, że ma duże poczucie humoru.

Tłumaczył, że żadna linia lotnicza nie zgodziła się przewieźć w workach takiej sumy, którą wam wypłacił NBP.

Całkiem oficjalnie zresztą wypłacono nam nasze pieniądze. Na pewno ich transport był bardzo utrudniony, bo wymagał zachowania specjalnych warunków bezpieczeństwa. Ale tego jeta zakupiliśmy wcześniej. Teraz się przydał.

Czyli jednak tym samolotem poleciały pieniądze do Izraela?

Tak, i tam zostały zdane na lotnisku.

Izrael był od początku w gestii waszych zainteresowań biznesowych?

To prawda. A wie pan dlaczego? Bo ja jestem chrześcijańskim syjonistą.

Kim?

Dobrze pan usłyszał – chrześcijańskim syjonistą. Tak zostałem wychowany. Jestem człowiekiem, który chce praktykować swoją wiarę, opierając się na Nowym Testamencie.

Pan dostał obywatelstwo Izraela?

Mam to obywatelstwo, ale nie jest prawdą, jakobym uzyskał je po naszym wyjeździe z Polski w 1991 roku. Obywatelem Izraela zostałem znacznie wcześniej.

Kiedy?

Rok albo dwa lata wcześniej.

Ma pan je do tej pory?

Ależ oczywiście.

Używa pan paszportu izraelskiego?

Owszem.

Ale polskie obywatelstwo też pan posiada?

Zrezygnowałem. Coś panu pokażę. To moje izraelskie prawo jazdy, noszę je z sobą zawsze. Jak mnie zatrzymują do kontroli drogowej, to daję i proszę o wystawienie mandatu na wskazany tu adres.

I domaga się pan tłumacza?

Nie, nie domagam się. Po polsku mówię. Ale adres jest po hebrajsku. Policjant pyta: „Jak to się czyta?". Mówię, że od końca.

Na jakiej podstawie dostał pan obywatelstwo Izraela?

Z powodu pochodzenia.

Przecież pochodzi pan ze śląskiej rodziny. Może pan to wyjaśnić?

Pochodzenie zgodnie z ustawą jest przynależne po kądzieli i ja te warunki spełniam.

Mama zdaje się miała korzenie czeskie?

Ależ pan jest męczący. Dobrze, powiem, chociaż to sprawa bardzo osobista. Ja jestem adoptowanym dzieckiem.

Skąd? Z sierocińca?

Kilka lat po urodzeniu byłem adoptowany przez moich rodziców, o których wcześniej opowiadałem. A biologiczna mama była Żydówką, stąd zgodnie z prawem izraelskim o powrocie osób będących po kądzieli żydowskiego pochodzenia, tak jak to jest wśród Żydów, otrzymałem obywatelstwo. Mój późniejszy przyjazd do Izraela nie miał z tym faktem nic wspólnego. Obywatelstwa nie dostałem ani za pieniądze, ani za jakieś zasługi. Po prostu otrzymałem je tak jak każdy, któremu ono jest przynależne, jeżeli spełnia warunki.

Rozumiem, że Izrael stał się celem waszej podróży w 1991 roku właśnie z tego powodu?

Miałem już wtedy swój dom w Izraelu. Kupiłem go wcześniej. Był nowy, niezamieszkany, ale w pełni wyposażony. Stał w Hajfie, w części miasta położonej nad morzem. W sympatycznym i przyjemnym towarzystwie, bo tam mieszkali dyplomaci. Po sąsiedzku znajdowała się rezydencja ambasadora amerykańskiego, zaraz obok szwedzkiego. Mili sąsiedzi.

Zło wcielone,
czyli aferzyści dla narodu

W tym Izraelu, takie mam wrażenie, wasze drogi z Andrzejem trochę się rozeszły. Pan się zajmował sobą, on sobą.

Andrzej w inny sposób przeżywał sprawę wyjazdu i tego, co się działo w kraju, ja też w inny, po swojemu. Każdy z nas ma troszeczkę inną konstrukcję psychiczną.

Na czym te różnice polegały? Jak on przeżywał, a jak pan?

Myślę, że Andrzej nie godzi się z sytuacją, którą zastaje, i bardzo mocno to wrzuca na żołądek, i próbuje wszystko sobie i innym tłumaczyć. Ja zaś dochodzę do wniosku, że nawet najbardziej dolegliwa sytuacja, w której człowiek nagle się znajdzie, jest wyzwaniem. To nie o to chodzi, żeby ją zaakceptować, ale trzeba ją uznać za pewien stan faktyczny. Należy działać, ale w zakresie tego, co jest możliwe, a nie na oślep. Obowiązuje pewna kolejność, bo generalnie, jeżeli ktoś zarzuca mi przestępstwo, to najpierw trzeba się uporać z procedurą karną, a kwestie cywilne schodzą na drugi plan.

Jakie sprawy cywilne? Majątkowe?

Majątkowe, dotyczące zwrotu strat, na jakie mnie narażono. Odłożyłem te roszczenia na wiele lat, bo najpierw musiałem się zmagać ze sprawami karnymi. Byłem na przegranej pozycji, dlatego że mnie skazano, zanim zapadł wyrok w sądzie. Można nie akceptować tej rzeczywistości, ale ona mnie otacza i trudno udawać, że to człowieka nie dotyczy.

Godzić się na noszenie etykietki aferzysty? To bardzo chrześcijańskie nadstawiać drugi policzek, kiedy biją po pysku, ale dla wielu taka pokora może oznaczać przyznanie się do winy.

Nie nadstawiałem drugiego policzka i nie byłem pokorny. Nadal nie jestem. Rzucano we mnie argumentami w tamtym czasie najbardziej oczywistymi. Do tego stopnia, że nikt nie analizował ich zasadności. W gruncie rzeczy były to argumenty najbardziej nieoczywiste. Cierpliwie do tego podszedłem, bez pośpiechu. Dopiero w tej chwili nadszedł czas, żeby prostować te wszystkie kwestie.

Czyli, jak rozumiem, przyjął pan postawę, że nie będzie się pan kopał z koniem.

Nie miało to sensu.

Gąsiorowski próbował odkręcać, prostować, przekonywać. Kontaktował się z dziennikarzami, udzielał wywiadów. Pan milczał.

Zresztą, jak pan wie, do dzisiaj raczej nie udzielam wywiadów.

W Izraelu nie miał pan potrzeby przekazania swojej prawdy czy to była wyłącznie kwestia taktyki?

Już mówiłem. Nie miało sensu przekonywanie, że nie ukradłem i nie oszukałem, bo nikt w kraju by mi nie uwierzył.

Po prostu czekał pan biernie na rozwój wydarzeń.

Tak, czasami trzeba umieć poczekać, przejść ciężką lekcję pokory i cierpliwości. Od początku wiedziałem, że wymiar sprawiedliwości w Polsce i ludzie, których nazwałem komitetem inkwizycyjnym, narobią błędów. To wynikało z ich zaciekłości w atakowaniu nas w taki sposób, żeby wpłynąć na tak zwaną opinię publiczną, wyrobić w narodzie przekonanie, że ja i Gąsiorowski jesteśmy samym złem. Byliśmy ucieleśnionymi aferzystami. Nie jakimś strachem na wróble bez duszy i ciała, ale realnymi osobami. Mogli nas obwozić, pokazywać i brać pieniądze za bilety wstępu, bo gawiedź lubi takie widowiska.

Ścigając was, popełniono błędy z zaciekłości?

Było oczywiste, że narobią błędów, bo większość z nich była nieprofesjonalna.

Tacy nieprofesjonalni, ale jednak pana dopadli i wsadzili do kryminału.

Dopadli i wsadzili – prawda, ale to nie znaczy, że odnieśli sukces. Zemścili się, ale teraz wszystkie argumenty są spokojnie po naszej stronie, mojej i Andrzeja. Wygraliby, gdybym nie żył. Wtedy trzeba byłoby powiedzieć – trudno, koniec. Ale ja żyję, Andrzej żyje, czyli wbrew ich intencjom znów mamy to bogactwo, które gdzieś tam płynie z nieba, że nam dano tę szansę, żeby wreszcie móc się wypowiedzieć, wreszcie argumentować i wreszcie, żeby te argumenty nie były odbierane emocjonalnie, bo większość z tych ludzi odeszła już z czynnej działalności. Czy w wymiarze sprawiedliwości, czy w biznesie, czy w establishmencie. Jest następne pokolenie, które, mam nadzieję, patrzy na tę sprawę zero-jedynkowo.

Przesadza pan z wiarą w nowe pokolenie. Czytał pan komentarze na temat konferencji, jaką zorganizowaliście z Andrzejem Gąsiorowskim w Warszawie w 25. rocznicę operacji „Most". Wpływowe osoby, na przykład Sławomir Cenckiewicz czy Piotr Woyciechowski, oburzały się, że aferzyści wracają w glorii chwały i przypisują sobie cudze zasługi.

Ci panowie zabiegali o zaproszenie na konferencję i je otrzymali. Przyszli, słuchali, oglądali, a potem przywalili nam z grubej rury, jakby nie znali kontekstu prawnego i nie rozumieli, że nikogo nie można bezkarnie obrażać. Mam nadzieję, że są w miarę bogatymi ludźmi i będzie ich stać na obronę przed sądem tych tez, które wygłosili.

Przyjął pan taktykę Gąsiorowskiego ścigania potwarców?

Potwarca... od potwarzy? Tak, ale to nie jest taktyka. Przyszedł moment do rozliczeń. Policzek można nadstawić, ale do czasu. Nie będę tego robił, kiedy ktoś używa potwarzy, kłamstwa, inwektywy, wszystkich tych określeń, które prawo uważa za przestępstwo.

Czyli, jak rozumiem, podpisuje się pan pod stwierdzeniem Andrzeja, że nikt nie ma prawa nazywać was aferzystami?

Każda wypowiedź, która narusza prawo, będzie bezwzględnie ścigana i nie jest to żadna zemsta. Przyszedł czas, w którym każdy, kto mnie obraża, poniesie konsekwencje. To nie jest kwestia wizerunku, to nie jest nawet kwestia godnościowa, to wynika z faktu, że ja i Andrzej jesteśmy legalistami. 25 lat udowadnialiśmy, że nawet jak dostajemy po dupie, nawet jak się nam to prawo nie podoba, to się do niego stosujemy, więc teraz jest czas, żeby to prawo było też egzekwowane wobec naszych przeciwników. Mimo że prawo się nam nie podoba, to się do niego stosujemy. Nie odpuścimy, a ja na pewno nie.

W Izraelu między panem a Andrzejem doszło do jakiegoś konfliktu?

Konfliktu nie było. Syndrom oblężonej twierdzy na pewno był. Zmęczenie psychiczne, dochodzenie do ściany i odbijanie się od niej – kompletna niemoc. I poczucie bezsensu.

Marynarze podczas długiego rejsu stają się drażliwi, kłótliwi, nie mogą patrzeć na siebie nawzajem. Zamknięci w Izraelu wpadliście w podobne stany?

Właśnie żeby nie nastąpiło zmęczenie materiału, każdy z nas obrał własną ścieżkę. Andrzej postanowił przeczekać, a ja uznałem, że skoro jest, jak jest, to już czas posprzątać.

Mieszkaliście osobno?

Zawsze mieszkaliśmy osobno.

Ale nawet nie w tej samej miejscowości?

Jeśli chodzi o Izrael, w innych miejscowościach.

Ale kontaktowaliście się z sobą i uzgadniali sposób obrony?

Mieliśmy kontakt, to naturalne, tym bardziej że płynęliśmy na tej samej łodzi. Wtedy, na początku, wydawało się, że to wszystko znacznie szybciej się skończy. No, może nie w perspektywie tygodnia czy nawet miesiąca, ale wierzyliśmy, że po roku, no – może dwóch, sprawa zostanie wyjaśniona. Twierdziłem, że to było do załatwienia, gdybyśmy po prostu absolutnie się wyciszyli, nie dawali pożywki mediom do takiej zabawy w tenisa z nami w roli piłeczek. Andrzej jednak nie chciał być cicho. Za bardzo to, co się wokół działo, bolało go. Nie potrafił pogodzić się z atakami, z retoryką, jakiej wobec nas używano, z kłamstwami. Był inny i inaczej niż ja nastawiony do obrony dobrego imienia.

Izraelskie media cytowały polskie gazety. Pisano o was, podobnie jak w kraju, jako o oszustach?

Nie, kontekst był troszkę inny. Oczywiście cytowano polskie gazety, ale nie w atmosferze nagonki. Teksty i informacje były bardziej wyważone.

Miejscowi dziennikarze rozmawiali z wami?

Z Andrzejem. Ja nie byłem zainteresowany, do dzisiaj nie jestem.

To już wiem. A jak nazwać ówczesne relacje między panem a Andrzejem? To była przyjaźń, wyłącznie relacja biznesowa czy wspólnota interesów spowodowana przyjętą linią obrony?

To była przyjaźń, absolutnie tak twierdzę. Ale czasami jedną z wyższych form przyjaźni jest umiejętność pomilczenia.

Są okresy gorącej przyjaźni i chłodnej przyjaźni.

Nie dojedźmy tylko do szorstkiej przyjaźni. Nic takiego nie było między nami. Po prostu przyjaciele mają prawo do własnych indywidualnych wyborów, które mogą być przez drugą stronę akceptowane, ale nie muszą. Przyjaźń nie polega na tym, że jeżeli w czymś się nie zgadzamy, to ją wypowiadamy.

Pana wyjazd do Szwajcarii w 1994 roku to przykład indywidualnego wyboru. Gąsiorowski nazwał to rzuceniem się na druty.

Na druty? Bez komentarza, ale musi pan wiedzieć, że ja już wcześniej, bo od 1993 roku, podróżowałem po całym świecie. Nikt nie chciał mnie przytulić.

Czyli aresztować? Może dlatego, że krył się pan umiejętnie, używał fałszywych dokumentów albo zapuścił brodę? Przecież nie prowokowałby pan losu, wiedząc, że chcą pana dopaść.

Było mi to absolutnie obojętne. Całą Europę zwiedziłem, nawet wynająłem sobie karawan i przejechałem od Maroka przez Hiszpanię, Portugalię, Holandię, Francję, Niemcy, Włochy, Szwajcarię, Grecję i Monte Carlo.

Takie wakacje?

Tak.

Ale do Polski pan nie zajrzał?

Następne pytanie.

Czekając

na pięć minut

Wyszedł pan z więzienia. Jak po takich przejściach odnaleźć się w życiu?

Tu, w tym kraju?

No bo jest pan w tym kraju. Nigdzie nie wyjechał.

Czułem się wyobcowany i tak jest do dzisiaj. To kwestia otoczenia, w którym się żyje. Może kiedyś jeszcze tak będzie, że Polska okaże się dla mnie małą ojczyzną, ojcowizną, heimatem, a nie wyłącznie opresyjnym państwem.

A dlaczego nie wrócił pan do Izraela?

Pojęcie powrotu jest w tym kontekście nie na miejscu. Przecież ja do Polski wróciłem. Jako obywatel Izraela wyjechałem do tego kraju, ale wróciłem do Polski.

Wciąż odczuwa pan piętno aferzysty?

Odium zostaje, ale myślę, że dopiero w tej chwili zmienia się sposób postrzegania. Troszeczkę zmienia się narracja, to są zaledwie początki, ja je traktuję jako duży sukces, że ktoś się zastanowił, przemyślał, przewartościował.

Próbuje pan odbudować swoją pozycję, wrócić do okresu świetności?

Nigdy nie próbowałem i nie będę próbować niczego odbudować. To nie ma większego sensu. Jestem wolnym człowiekiem, ale żyję ze świadomością, że pan prokurator wciąż czeka, żebym przeszedł po pasach na czerwonym świetle. Ta moja wolność jest połowiczna.

Po co przyjął pan propozycję znajomego i został na krótki czas prezesem zakładów futrzarskich w Kurowie?

To było testowanie władzy. Nic więcej.

Na co pozwoli?

Nie, na ile stosuje prawo.

Coś się udało zdziałać w tym Kurowie?

Myślę, że tak.

No, ale potem firma upadła, zdaje się?

Ja w pewnym momencie odszedłem stamtąd.

Prowadzi pan teraz jakiś biznes?

Żaden w tej chwili.

To z czego pan żyje?

Nie umieram z głodu, jak widać. I czekam na swoje pięć minut.

Coś więcej na ten temat?

Uważam, że duże pieniądze na mnie czekają i czy je wtedy zainwestuję, czy będę rentierem, to się dopiero okaże.

To jest ta scheda po Art-B, o którą walczy Andrzej Gąsiorowski, jak rozumiem?

Oprócz Art-B parę rzeczy jeszcze zrobiłem.

Czyli na przykład pieniądze z PAZ?

Oprócz PAZ i Art-B parę innych rzeczy w życiu zrobiłem. W bardzo różnych miejscach.

Ale w PAZ też są duże pieniądze.

Tak, ale tam trwa batalia prawna, to chwilę jeszcze potrwa. Prawnik dostał stawkę w wysokości 80 milionów złotych, walczymy o 20 milionów z tej sumy. Teraz wiem już więcej o kulisach wynajęcia tego prawnika. Likwidator został wezwany przed oblicze komitetu inkwizycyjnego, o którym wcześniej mówiłem, no i oni mu wyznaczyli takiego, a nie innego prawnika w Izraelu i wyznaczyli, jaką stawkę ma mu zapłacić z pieniędzy Art-B.

Narzucono mu prawnika?

Tak i dodatkowo, ile ma mu zapłacić. Ciekawe, prawda? On to oficjalnie zeznał.

Po Art-B właściwie została już tylko legenda i likwidator.

Nie zgodzę się z tym poglądem. Proszę zauważyć, że nie jest to spółka w upadłości, tylko w likwidacji. Coś ta spółka musiała mieć więcej oprócz krzesełka i wizytówki, skoro przez dwadzieścia kilka lat likwiduje się, likwiduje i ciągle odnajdywane są jakieś pieniądze należące do Art-B.

Art-B to, jak wyliczał Andrzej Gąsiorowski, 600 firm rozsianych po całym świecie.

Pomylił się. Tych firm było około trzech tysięcy. W szczycie zatrudniały 140 tysięcy osób.

I mimo tej długotrwałej likwidacji spółka wciąż żyje?

Zgodnie z prawem nadal żyje.

Ale już nic nie produkuje?

Nie, bo się likwiduje. Nie upada, ale się likwiduje. To są dwie różne rzeczy. Wmówiono narodowi, że przez tę spółkę społeczeństwo pozbawione zostanie emerytur, bo tyle ukradła z banków. Że tam nic nie ma, wszystko zostało wywiezione z Polski. To po co ta likwidacja? Jeśli firma niczego nie ma, to się ogłasza upadłość.

Jakie przesłanie niesie historia Art-B? Jaka z tego story płynie nauka dla innych, którzy chcą stworzyć coś od zera?

Mimo wszystko zachęcałbym młodych ludzi do budowania biznesów. Niech wyciągną z tego swoje indywidualne lekcje: dobre, złe – to jest już ich sprawa. Ten kraj można zmieniać, trzeba zmieniać, bo to jest po prostu ojczyzna. Nic więcej. Nic tam nie trzeba dodawać.

Górnolotnie pan zachęca.

To nie jest górnolotne, o własny dom trzeba dbać.

Polska jest dla pana ciągle ojczyzną?

Zawsze będzie, ostatnią modlitwę tak czy siak zmówię po polsku, bez względu na to, gdzie będę.

Andrzej Gąsiorowski mówi, że to już nie jest jego kraj.

To wszystko zależy od kontekstu, jakiego Andrzej użył. On już wrósł w Izrael, zapuścił korzenie, jego dzieci są w stu procentach Izraelczykami, chociaż urodziły się jeszcze w Polsce.

Słowa Gąsiorowskiego rozumiem w takim kontekście, że nie może być ojczyzną-matką kraj, który zachował się, w jego subiektywnym mniemaniu, jak zła macocha.

Okay, on ma prawo do swojej oceny, do swojego wyboru ojczyzny, do swojego utożsamienia się z krajem, miejscem i heimatem. Ja odpowiadam tak. Boli mnie ten kraj, bo mnie boli, przecież nie mogę powiedzieć, że nie. Zawsze jestem przygotowany na najgorsze, nic się pod tym względem nie zmieniło. Zawsze czekam, kiedy mi się przyłoży i czym się to wytłumaczy, ale czy tego chcą, czy nie, to jest mój kraj – to jest język mojej matki, język mojego ojca. To są dobre wspomnienia obok złych, ale takie jest życie. No i ostatnia modlitwa po polsku, nawet jakby była na obczyźnie, nawet jakbym nie miał już nic wspólnego z Polską. Polakiem nie przestaje się być, dlatego że paru ludzi tak postanowi. Mogą sobie postanowić, co chcą. Nie roztkliwiam się nad sobą, bo zawsze sobie odpowiadałem, że ludzie wracali zza Uralu, nieraz to trwało wiele lat. Wrócili, ciężko po dupie dostawali, ale zbudowali rodziny, wychowali dzieci. I jakoś żyli. Więc ja ze swoim życiorysem i tak nie jestem potraktowany najgorzej przez historię.

Mówi pan, jednocześnie mając w kieszeni to izraelskie prawo jazdy.

Tak, bo jestem dumny z tego, że jestem polskim Żydem. Może przyjdzie taki dzień, że na drzwiach mojego mieszkania będzie malowana szubienica z gwiazdą Dawida, a i tak będę dumny.

Jest pan polskim Żydem, jest pan muzykiem, jest pan biznesmenem. Bogusław Bagsik w wielu postaciach.

Przede wszystkim jestem chrześcijańskim syjonistą urodzonym tu, w Polsce, mówiącym pacierze i modlitwy po polsku, któremu naprawdę na sercu leży dobro tego kraju, bo wciąż to jest moja ojcowizna. Nawet jeżeli będą mnie w taki czy inny sposób relegować ze społeczeństwa, czyli z mojej ojczyzny, nie pozbawią mnie tego, co mam w duszy i w sercu. Tego nigdy mi nie zabiorą. Odwiedziłem ponad 100 krajów na całym świecie. To jest doświadczenie, którego w żadnej szkole nikt się nie nabędzie, bo rozmowa z człowiekiem z innej kultury niesamowicie wzbogaca. Ale mając nawet takie możliwości porównań, wiem, że moim krajem jest właśnie Polska.

Zrobiło się duszno

Zejdźmy trochę na ziemię. Miał pan podobno bliskie relacje z gangsterami.

Co znaczy bliskie?

Na tyle bliskie, że figurują z panem na wspólnych fotografiach.

Z Wałęsą też miałem zdjęcia, z innymi politykami miałem zdjęcia, z noblistami mam zdjęcia. Co w tym takiego frapującego, że znam różnych ludzi?

Wie pan, znajomości człowieka jakoś go w życiu ustawiają.

Im więcej ludzi się zna, tym jest większa szansa, że trafi się wśród nich ktoś uważany za gangstera. Zwracam też uwagę, że czasem pozory mylą. Ktoś, kogo uważa się za gangstera, okazuje się miłym człowiekiem i na swój sposób uczciwym.

Skąd znajomość z „Pershingiem", nieżyjącym już słynnym bossem warszawskiego podziemia przestępczego?

Był to jeden z niewielu wiarygodnych cinkciarzy, który w czasach Art-B rzetelnie wymieniał nam walutę. Każdą ilość.

Ale w tych czasach już nie było cinkciarzy. Działały kantory, ale „Pershing" chyba kantoru nie miał.

Ale on polecał nam dobre kantory, w których dawali uczciwe ceny. Nie trzeba było nic przeliczać, nie trzeba było niczego sprawdzać. Był zawsze rzetelny. Miałem do niego zaufanie.

A ten Wicek, u którego został pan prezesem zakładów futrzarskich?

Poznałem go kiedyś chyba właśnie przez „Pershinga". Był to młody chłopak, który szukał swojego miejsca w życiu. Myślę, że zanim je znalazł, pewnie miał swoje różne doświadczenia życiowe, jak każdy. To wszystko na ten temat.

Ireneusz Sekuła, były wicepremier w rządzie Mieczysława Rakowskiego, który w latach 90. prowadził podejrzane biznesy z gangami pruszkowskim i wołomińskim?

Bardzo pozytywnie go wspominam. I wspominam go jako człowieka rzetelnego.

Wiele osób nie wierzy w jego samobójstwo.

Ja też nie bardzo wierzę.

Ale okoliczności są takie, że kiedy go odnaleziono postrzelonego w biurze przy ul. Brackiej, on był przytomny i nie poskarżył się, że ktoś próbował go zabić. Zostawił list pożegnalny. Więc może jednak samobójstwo. Powody były.

To nie był człowiek, który by się skarżył.

Był schorowany, był rozgoryczony, sfrustrowany, nachodzili go wierzyciele.

Jednocześnie bardzo honorowy, co akurat w jego środowisku nie było powszechną cechą. A to, że ja nie wierzę w jego samobójstwo? Po prostu nie wierzę, nie dokumentuję tego niczym, tylko taki mam pogląd. Non omnis moriar.

Wróćmy na koniec jeszcze raz do pańskich relacji z Andrzejem Gąsiorowskim. Krążyła taka wersja, że jeżeli odetnie się i obciąży pana, to dostanie połowę środków Art-B odzyskanych przez likwidatora. Gąsiorowski miał pana poświęcić.

A czy on to potwierdził?

On nie.

Za opinię innych nie odpowiadam. Takiej rzekomej umowy Andrzeja z likwidatorem ani pan nie widział, ani ja, ani nikt inny, bo jej po prostu nie ma. Doniesienia prasowe, fakty medialne – sorry Winnetou.

Czyli nie czuje się pan poszkodowany przez Andrzeja?

Nigdy się nie czułem i nigdy żadnych żalów nie artykułowałem. Jesteśmy przyjaciółmi i nic się pod tym względem nie zmieniło.

Jednocześnie jesteście bardzo innymi ludźmi. Nawet poczucie humoru macie inne. On się nie interesuje sportem, a pan jest kibicem piłkarskim.

Kiedyś byłem. Przeszło mi.

Chodzi pan na Legię?

Chodziłem.

Dlaczego przeszło?

Bo kiedyś na trybunie dla VIP-ów stanął za mną prezes sądu, a obok niego były premier Bielecki i mi się duszno zrobiło.

Spis treści